中国社会科学院国情调研特大项目"精准扶贫精准脱贫百村调研"

精准扶贫精准脱贫百村调研丛书

CASE STUDIES OF TARGETED POVERTY REDUCTION AND
ALLEVIATION IN 100 VILLAGES

李培林／主编

精准扶贫精准脱贫
百村调研·官田村卷

"五位一体"的贫困治理模式

冯颜利 甘 冲 唐 庆／著

社会科学文献出版社
SOCIAL SCIENCES ACADEMIC PRESS (CHINA)

中国社会科学院国情调研特大项目
"精准扶贫精准脱贫百村调研"
项目协调办公室

主　任：王子豪
成　员：檀学文　刁鹏飞　闫　珺　田　甜　曲海燕

总　序

　　调查研究是党的优良传统和作风。在党中央领导下，中国社会科学院一贯秉持理论联系实际的学风，并具有开展国情调研的深厚传统。1988 年，中国社会科学院与全国社会科学界一起开展了百县市经济社会调查，并被列为"七五"和"八五"国家哲学社会科学重点课题，出版了《中国国情丛书——百县市经济社会调查》。1998 年，国情调研视野从中观走向微观，由国家社科基金批准百村经济社会调查"九五"重点项目，出版了《中国国情丛书——百村经济社会调查》。2006 年，中国社会科学院全面启动国情调研工作，先后组织实施了 1000 余项国情调研项目，与地方合作设立院级国情调研基地 12 个、所级国情调研基地 59 个。国情调研很好地践行了理论联系实际、实践是检验真理的唯一标准的马克思主义认识论和学风，为发挥中国社会科学院思想库和智囊团作用做出了重要贡献。

　　党的十八大以来，在全面建成小康社会目标指引下，中央提出了到 2020 年实现我国现行标准下农村贫困人口脱贫、贫困县全部"摘帽"、解决区域性整体贫困的脱贫攻坚目标。中国的减贫成就举世瞩目，如此宏大的脱贫目标世所罕见。到 2020 年实现全面精准脱贫是党的十九大提出的三大攻坚战之一，是重大的社会目标和政治任务，中国的贫困地区在此期间也将发生翻天覆地的变化，而变化的过程注定不会一帆风顺或云淡风轻。记录这个伟大的过程，总结解决这个世界性难题的经验，为完成这个攻坚战献计献策，是社会科学工作者应有的责任担当。

2016 年，中国社会科学院根据中央做出的"打赢脱贫攻坚战"战略部署，决定设立"精准扶贫精准脱贫百村调研"国情调研特大项目，集中优势人力、物力，以精准扶贫为主题，集中两年时间，开展贫困村百村调研。"精准扶贫精准脱贫百村调研"是中国社会科学院国情调研重大工程，有统一的样本村选择标准和广泛的地域分布，有明确的调研目标和统一的调研进度安排。调研的 104 个样本村，西部、中部和东部地区的比例分别为 57%、27% 和 16%，对民族地区、边境地区、片区、深度贫困地区都有专门的考虑，有望对全国贫困村有基本的代表性，对当前中国农村贫困状况和减贫、发展状况有一个横断面式的全景展示。

在以习近平同志为核心的党中央坚强领导下，党的十八大以来的中国特色社会主义实践引导中国进入中国特色社会主义新时代，我国经济社会格局正在发生深刻变化，脱贫攻坚行动顺利推进，每年实现贫困人口脱贫 1000 多万人，贫困人口从 2012 年的 9899 万人减少到 2017 年的 3046 万人，在较短时间内实现了贫困村面貌的巨大改观。中国社会科学院组建了一百支调研团队，动员了不少于500名科研人员的调研队伍，付出了不少于3000个工作日，用脚步、笔尖和镜头记录了百余个贫困村在近年来发生的巨大变化。

根据规划，每个贫困村子课题组不仅要为总课题组提供数据，还要撰写和出版村庄调研报告，这就是呈现在读者面前的"精准扶贫精准脱贫百村调研丛书"。为了达到了解国情的基本目的，总课题组拟定了调研提纲和问卷，要求各村调研都要执行基本的"规定动作"和因村而异的"自选动作"，了解和写出每个村的特色，写出脱贫路上的风采以及荆棘！对每部报告我们都组织了专家评审，由作者根据修改意见进行修改，直到达到出版要求。我们希望，这套丛书的出版能为脱贫攻坚大业写下浓重的一笔。

中共十九大的胜利召开，确立习近平新时代中国特色社会主义思想作为各项工作的指导思想，宣告中国特色社会主义进入新时代，中央做出了社会主要矛盾转化的重大判断。从现在起到2020年，既是全面建成小康社会的决胜期，也是迈向第二个百年奋斗目标的历史交会期。在此期间，国家强调坚决打好防范化解重大风险、精准脱贫、污染防治三大攻坚战。2018年春节前夕，习近平总书记到深度贫困的四川凉山地区考察，就打好精准脱贫攻坚战提出八条要求，并通过脱贫攻坚三年行动计划加以推进。与此同时，为应对我国乡村发展不平衡不充分尤其突出的问题，国家适时启动了乡村振兴战略，要求到2020年乡村振兴取得重要进展，做好实施乡村振兴战略与打好精准脱贫攻坚战的有机衔接。通过调研，我们也发现，很多地方已经在实际工作中将脱贫攻坚与美丽乡村建设、城乡发展一体化结合在一起开展。可以预见，贫困地区的脱贫攻坚将不再只局限于贫困户脱贫，我们有充分的信心从贫困村发展看到乡村振兴的曙光和未来。

是为序！

全国人民代表大会社会建设委员会副主任委员

中国社会科学院副院长、学部委员

2018 年 10 月

前　言

2016 年 12 月至 2019 年 6 月，中国社会科学院全国百村精准扶贫、精准脱贫课题子课题组主要成员先后 7 次到湖南省临湘市聂市镇官田村调研，深入官田村委和每户贫困村民家中了解该村精准扶贫、精准脱贫的具体情况，调研期间得到湖南省社会科学院及岳阳市、临湘市、聂市镇、官田村各级政府的大力支持，在此深表感谢！

2016 年 12 月 9 日至 16 日，课题组第一次赴官田村调研，收集村问卷材料，了解官田村精准扶贫、精准脱贫的整体情况，走访部分贫困户；2017 年 2 月 5 日至 15 日，第二次赴官田村调研，了解岳阳市、临湘市两级政府单位派出官田村驻村扶贫队的具体情况，与驻村干部座谈，走访部分村民与贫困户；4 月 2 日至 4 日，第三次调研，与村两委干部座谈，补录部分村民问卷情况，继续走访村民与没有走访到的贫困户；5 月 26 日至 31 日，第四次调研，继续赴部分村民家中访谈，完成部分入户调研问卷，继续走访没有走访到的贫困户；6 月 4 日至 25 日，第五次调研，赴部分村民家中访谈，完成入户调研问卷，继续走访没有走访到的贫困户；8 月 2 日至 8 月 11 日，第六次调研，补录部分入户调研情况，走访完所有贫困户；2019 年 6 月 27 日至 28 日，第七次调研，对精准扶贫、精准脱贫情况进行回访，对部分调研数据进行更新。

通过 7 次调研，走访了每一户贫困户，课题组完成了对官田村精准扶贫、精准脱贫的村问卷和入户调研问卷的收集、整理和录入，对该村扶贫工作相关情况有了较为细致深入的了解。在实地调研、掌握材料之后，对近几年来官田村精准扶贫、精准脱贫工作取得的成绩和原因、存在的问题和不足等一一作出了分析，并对如何解决问题、弥补不足特别是如何预防返贫提出了相应的对策建议。

我们每年都进行国情调研，到过全国大部分省市与乡村，但是，这次官田村精准扶贫、精准脱贫情况的调研，是入户调研，我们对该村每个贫困户都进行了入户调研并照了相，收获很大。项目组通过这次调研和宣传，一是更加深刻地认识到了中国共产党领导的重要性和社会主义制度的优越性。没有中国共产党的领导、不走社会主义道路，就不可能有新中国，就不可能解决中国十几亿人的温饱问题，新中国以前几千年都没有完全解决温饱问题，更不用说全面建成小康社会、不断解决精准扶贫和精准脱贫问题。二是更加深刻地认识到了精准扶贫和精准脱贫对全面建成小康社会的重要性。全面建成小康社会虽然不能保证每家每户都成为小康之家，但是，一个县、一个乡镇或一个村如果有大量贫困人口甚至极端贫困人口的话，那么建成的全面小康社会也就不实。这次调研发现，各级政府对精准扶贫和精准脱贫都高度重视，各级党委、政府的每个领导（都是主要领导带头）都与贫困户、贫困人口结对子，每个领导都要求结穷亲戚，每个领导都要使至少一个贫困户脱贫，措施具体，效果很好，群众也非常感动，不少村民特别是已经脱贫的村民经常讲的一句话就是："还是共产党好。"

目　录

第一章

深入理解习近平总书记关于精准扶贫的
重要论述

2013 年 11 月，习近平总书记在湖南省湘西州十八洞村考察时首次提出"精准扶贫"概念，他明确指出，"扶贫要实事求是，因地制宜。要精准扶贫，切忌喊口号，也不要定好高骛远的目标"。① 之后，习近平总书记多次就精准扶贫做出重要论述，精准扶贫理论不断丰富和完善，成为我国脱贫攻坚工作的指导思想。

---

① 《习近平赴湘西调研扶贫攻坚》，中国共产党新闻网，2013 年 11 月 04 日，http://cpc.people.com.cn/n/2013/1104/c64094-23421342-8.html。

第一节　习近平总书记关于精准扶贫重要论述的形成与发展

习近平总书记关于精准扶贫重要论述的形成有其坚实的实践基础，来源于实践，指导实践，又在实践检验中逐步发展完善。

一　习近平总书记关于精准扶贫重要论述的提出

20世纪80年代末期，习近平总书记在福建宁德工作期间就提出了"弱鸟先飞"、"滴水穿石"、"四下基层"等许多发展理念、观点和方法。其中不乏精准扶贫的理念，如因地制宜发展经济是"弱鸟"先飞且飞得快和高的重要途径等等。2012年底，习近平总书记在河北省阜平县考察扶贫开发工作时指出"推进扶贫开发、推动经济社会发展，首先要有一个好思路、好路子。要坚持从实际出发，因地制宜，理清思路、完善规划、找准突破口。要做到宜农则农、宜林则林、宜牧则牧，宜开发生态旅游，则搞生态旅游，真正把自身的比较优势发挥好，使贫困地区发展扎实建立在自身有利条件的基础之上"。① 理清发展思路，因地制宜找准发展思路的表述，表明习近平总书记关于精准扶贫的重要论述已开始萌芽。

① 习近平：《做焦裕禄式的县委书记》，中央文献出版社，2015，第17页。

2013 年 11 月，习近平总书记在湖南湘西考察时首次提出"精准扶贫"概念，他指出："扶贫要实事求是，因地制宜。要精准扶贫，切忌喊口号，也不要定好高骛远的目标。"2014 年 10 月的首个"扶贫日"，习近平总书记做出重要批示，"全党全社会要继续共同努力，形成扶贫开发工作强大合力。各级党委、政府和领导干部对贫困地区和贫困群众要格外关注、格外关爱，履行领导职责，创新思路方法，加大扶持力度，善于因地制宜，注重精准发力，充分发挥贫困地区广大干部群众的能动作用，扎扎实实做好新形势下扶贫开发工作，推动贫困地区和贫困群众加快脱贫致富奔小康的步伐"。① 2014 年 11 月初，在福建调研时习近平总书记指出："当年苏区老区人民为了革命和新中国的成立不惜流血牺牲，今天这些地区有的还比较困难，要通过领导联系……加快科学扶贫和精准扶贫。"② 这表明习近平总书记将精准扶贫视为对扶贫开发方式的新要求。

在习近平总书记关于精准扶贫重要论述的指导下，我国精准扶贫精准脱贫实践不断推进。2013 年底中共中央办公厅、国务院办公厅印发《关于创新机制扎实推进农村扶贫开发工作的意见》，提出以建立精准扶贫工作机制为核心的六项机制创新和十项重点工作。围绕该文件，相关部委出台了《关于改进贫困县党政领导班子和领导干部经济社会发展实绩考核工作的意见》、《关于印发〈建立精准扶

---

① 《习近平：各级领导干部对贫困群众要格外关爱》，人民网，2014 年 10 月 18 日，http://ah.people.com.cn/n/2014/1018/c358314-22644103.html。
② 中共中央文献研究室：《习近平关于协调推进"四个全面"战略布局论述摘编》，中央文献出版社，2015，第 41 页。

贫工作机制实施方案〉的通知》（以下简称《通知》）、《关于印发〈扶贫开发建档立卡工作方案〉的通知》（以下简称《方案》）等政策配套文件。特别是《通知》和《方案》的出台，将精准扶贫要求落实到行动与实施层面。

二 习近平总书记关于精准扶贫重要论述的发展与完善

2015、2016 年，习近平总书记关于精准扶贫的重要论述逐步上升为国家扶贫开发战略，并不断丰富和完善。2015 年 2 月，习近平总书记主持召开陕甘宁革命老区脱贫致富座谈会，向参会市县委书记提出"如何打好扶贫攻坚战、加快改善老区老百姓生活"等四个问题，并指出，"各级党委和政府要增强使命感和责任感，把老区发展和老区人民生活改善时刻放在心上、抓在手上，真抓实干，贯彻精准扶贫要求，做到目标明确、任务明确、责任明确、举措明确，把钱真正用到刀刃上，真正发挥拔穷根的作用"。[①]2015 年 6 月，习近平总书记在贵州召开的部分省区市党委主要负责同志座谈会上进一步指出，"扶贫开发贵在精准，重在精准，成败之举在于精准。各地都要在扶持对象精准、项目安排精准、资金使用精准、措施到户精准、因村派人（第一书记）精准、脱贫成效精准上想办法、出实招、见真效。要坚持因人因地施策，因贫困原因

[①] 《把革命老区发展时刻放在心上——习近平总书记主持召开陕甘宁革命老区脱贫致富座谈会侧记》，新华网，2015 年 02 月 16 日，http://www.xinhuanet.com/politics/2015-02/16/c_1114394473.htm。

施策，因贫困类型施策，区别不同情况，做到对症下药、精准滴灌、靶向治疗，不搞大水漫灌、走马观花、大而化之。要因地制宜研究实施'四个一批'的扶贫攻坚行动计划，即通过扶持生产和就业发展一批，通过移民搬迁安置一批，通过低保政策兜底一批，通过医疗救助扶持一批，实现贫困人口精准脱贫"。①

2015年11月27~28日，中央扶贫开发工作会议召开，习近平总书记发表长篇重要讲话，系统阐述精准扶贫精准脱贫方略，这标志着习近平总书记关于精准扶贫重要论述的形成。会后，中共中央、国务院颁布《关于打赢脱贫攻坚战的决定》（简称《决定》），要求各级党委和政府把扶贫开发工作作为重大政治任务来抓，实施全党全社会共同参与的脱贫攻坚战。2016年12月，国务院印发《"十三五"脱贫攻坚规划》（简称《规划》），提出要按照党中央、国务院的决策部署，坚持精准扶贫、精准脱贫基本方略，坚持精准帮扶与区域整体开发有机结合，大力推进实施一批脱贫攻坚工程。《规划》系统阐述了"十三五"时期脱贫攻坚工作的指导思想、目标，以及产业发展脱贫等多个贫困人口和贫困地区脱贫的具体路径和方法。为贯彻落实《决定》，中央及有关部门先后出台了100多项政策文件，表明我国以习近平关于精准扶贫的重要论述为指导的脱贫攻坚顶层设计的"四梁八柱"基本完成。

---

① 《"平语"近人——关于扶贫工作，习近平这样说》，新华网，2015年10月19日，http://www.xinhuanet.com//politics/2015-10/19/c_128333096.htm。

第二节　习近平总书记关于精准扶贫重要论述的核心要义

习近平总书记关于精准扶贫重要论述的核心是从实际出发，找准扶贫对象，摸清致贫原因，因地制宜，分类施策，开展针对性帮扶，实现精准扶贫、精准脱贫。从扶贫工作开发的内容看，习近平总书记关于精准扶贫重要论述的内容集中体现在习近平总书记对"扶持谁"、"谁来扶"、"怎么扶"、"如何退"四个核心问题的阐述上。

一　解决"扶持谁"问题

习近平总书记指出，"要坚持精准扶贫、精准脱贫，重在提高脱贫攻坚成效。关键是要找准路子、构建好的体制机制，在精准施策上出实招、在精准推进上下实功、在精准落地上见实效。要解决好'扶持谁'的问题，确保把真正的贫困人口弄清楚，把贫困人口、贫困程度、致贫原因等搞清楚，以便做到因户施策、因人施策"。[①] 解决"扶持谁"的问题，要求实现"扶持对象精准"，具体工作内容为精准识别和精准管理。2013年底，中办、国办印发《关于创新机制扎实推进农村扶贫开发的意见》，提出由国家统一制定识别办法，并按照县为单位、规模控制、分

---

① 习近平：《习近平谈治国理政》第二卷，外文出版社，2017，第84页。

级负责、精准识别、动态管理的原则，开展贫困人口识别、建档立卡和建立全国扶贫信息网络系统等工作。2014年5月，国务院扶贫办等中央部门联合印发关于建档立卡、建立精准扶贫工作机制等文件，对贫困户和贫困村建档立卡的目标、方法和步骤、工作要求等做出部署。2014年4~10月，全国组织80万人深入农村开展贫困识别和建档立卡工作，共识别12.8万个贫困村、8962万贫困人口，建立起全国扶贫开发信息系统。2015年8月至2016年6月，全国动员近200万人开展建档立卡"回头看"，补录贫困人口807万，剔除识别不准人口929万，较好地解决了"扶持谁"的问题。

二 解决"谁来扶"问题

习近平总书记指出，"要解决好'谁来扶'的问题，加快形成中央统筹、省（自治区、直辖市）负总责、市（地）县抓落实的扶贫开发工作机制，做到分工明确、责任清晰、任务到人、考核到位"。[①] 近年来，我国建立起脱贫攻坚责任体系。中央出台《省级党委和政府扶贫开发工作成效考核办法》，脱贫攻坚任务重的省份的党政主要负责人向中央签署脱贫责任书，层层签订脱贫责任书、立下军令状，形成省市县乡村五级书记抓扶贫工作的格局。要求普遍建立干部驻村帮扶制度，其间全国共选派77.5万

① 习近平：《习近平谈治国理政》第二卷，外文出版社，2017，第84页。

名干部驻村帮扶、19.5万名优秀干部到贫困村和基层组织薄弱涣散村担任第一书记，解决扶贫"最后一公里"难题。东西扶贫协作深化，结对关系调整完善。东部267个经济较强县（市、区）结对帮扶西部406个贫困县，中央层面共有310个单位定点帮扶592个贫困县，实施"百县万村"行动、"万企帮万村"等社会扶贫。

三 解决"怎么扶"问题

习近平总书记指出，"要解决好'怎么扶'的问题，按照贫困地区和贫困人口的具体情况，实施'五个一批工程'"，[①]"要提高扶贫措施有效性，核心是因地制宜、因人因户因村施策，突出产业扶贫，提高组织化程度，培育带动贫困人口脱贫的经济实体"。[②]推进精准帮扶工作是解决"怎么扶"问题的重点，实现"项目安排精准、资金使用精准、因村派人精准"。瞄准建档立卡贫困对象，建立需求导向的扶贫行动机制，深入分析致贫原因，逐村逐户制定帮扶计划，将专项扶贫措施与精准识别结果和贫困人口发展需求相衔接。2015年11月，中央印发《关于打赢脱贫攻坚战的决定》，进一步阐明精准扶贫方略，中办、国办出台11个配套文件。2016年12月，国务院印发《"十三"脱贫攻坚规划》。自实施精准扶贫以来，中央

---

① 习近平：《习近平谈治国理政》第二卷，外文出版社，2017，第85页。
② 《习近平：更好推进精准扶贫精准脱贫确保如期实现脱贫攻坚目标》，人民网，2017年02月23日，http://fj.people.com.cn/n2/2017/0223/c372940-29758731.html。

和国家机关各部门共出台 100 多项政策文件或实施方案，各地方相继出台和完善"1+N"的脱贫攻坚系列文件。需求导向、全员参与、有效对接的扶贫脱贫帮扶体系已形成。

四 解决"如何退"问题

习近平总书记指出，"精准扶贫是为了精准脱贫。要设定时间表，实现有序退出，既要防止拖延病，又要防止急躁症。要留出缓冲期，在一定时间内实行摘帽不摘政策。要实行严格评估，按照摘帽标准验收。要实行逐户销号，做到脱贫到人，脱没脱贫要同群众一起算账，要群众认账"。[①]2016 年 4 月，中办、国办印发《关于建立贫困退出的意见》，对贫困户、贫困村、贫困县退出的标准、程序和相关要求做出细致规定，为贫困人口退出提供制度保障。严格实施考核评估制度，组织开展省级党委和政府扶贫工作成效考核，就各地贫困人口识别和退出准确率、因村因户帮扶工作群众满意度、"两不愁三保障"实现情况等开展第三方评估；结合收集的情况和各省总结，按照定性定量相结合、第三方评估数据与部门数据相结合、年度考核与平时掌握情况相结合的原则，对各省（自治区、直辖市）脱贫攻坚成效开展综合分析，形成考核意见；对综合评价好的省份通报表扬，对综合评价较差且发现突出

[①] 习近平:《习近平谈治国理政》第二卷，外文出版社，2017，第 85 页。

问题的省份，约谈党政主要负责人，对综合评价一般或某些方面问题突出的省份，约谈分管负责人。将考核结果作为省级党委、政府主要负责人和领导班子综合考核评价的重要依据。

第三节　习近平总书记关于精准扶贫重要论述的重大意义

习近平总书记关于精准扶贫重要论述的时代价值和意义，既体现在指导国内精准扶贫理论创新、顶层设计、基层实践上，也体现在为全球减贫治理提供中国方案上。

一　习近平总书记关于精准扶贫重要论述的国内价值

（一）扶贫脱贫理论创新的指导思想

党的十八大以来，我国扶贫开发步入攻坚拔寨重要时期，贫困问题的复杂性、艰巨性前所未有，扶贫理论创新需求迫切。习近平总书记关于精准扶贫重要论述的理论指导价值体现在建构综合性扶贫治理、内生型反贫困理论等方面。习近平总书记强调，要将条件差、基础弱、贫困程度深的深度贫困地区和贫困人口作为扶贫开发的重点，分类施策，实施"五个一批"扶贫开发策略，要因地制宜，因人因户因村施策。这就要求在反贫困理论创新中探索综合性扶贫理论，在对贫困问题复杂性深刻认识的基础上，既要注重分析致贫的共性要素，以共性要素为依据，因地制宜探索多层次扶贫脱贫路径，又要考虑到贫困个体致贫的具体因素，开展多层次、精细化的针对性帮扶。习近平总书记指出，"防止返贫和继续攻坚同样重要，已经摘帽的贫困县、贫困村、贫困户，要继续巩固，增强'造血'功能，建立健全稳定脱贫长效机制"，[①]"要加强基层基础工作。要加强贫困村两委建设，深入推进抓党建促脱贫攻坚工作，选好配强村两委班子，培养农村致富带头人，促进乡村本土人才回流，打造一支'不走的扶贫工作队'"。[②]贫困人口实现自我发展是扶贫的根本，要把扶贫与扶志、扶贫与扶智相结合，激发内生发展动力，建立长效脱贫机制。这就要求扶贫理论创新要将贫困地区和贫困人口的内生发展摆在更加突出的位置，着力探讨培育贫困群众内源发展的治理机制，为实现贫困人口自我发展提供理论依据。

（二）扶贫脱贫攻坚实践创新的行动指南

脱贫攻坚时期，农村贫困人口规模庞大，贫困程度深、致贫因素复杂，返贫现象较为突出，并呈现结构化趋

---

① 《习近平总书记谈脱贫攻坚》，新浪网，2017年03月10日，http://finance.sina.com.cn/roll/2017-03-10/doc-ifychihc6037569.shtml。
② 《习近平主持中共中央政治局第三十九次集体学习》，中国政府网，2017年02月22日，http://www.gov.cn/xinwen/2017-02/22/content_5170078.htm。

势。贫困问题的解决，除了要下更大的决心和投入更多的资源外，更迫切需要合理、有效的贫困治理新方略。习近平总书记关于精准扶贫重要论述中的"扶真贫、真扶贫、真脱贫"要求为脱贫攻坚阶段扶贫开发明确了工作目标；"六个精准"论述为扶贫工作方式转变提供了方向和着力点，"五个一批"脱贫路径论述为扶贫工作指明了工作重点任务；对"扶持谁、谁来扶、怎么扶、如何退"问题的阐述为扶贫开发体制机制创新、建构等都具有极大的指导价值。

二 习近平总书记关于精准扶贫重要论述的国际价值

习近平总书记指出，"在实践中，我们形成了不少有益经验，概括起来主要是加强领导是根本、把握精准是要义、增加投入是保障、各方参与是合力、群众参与是基础。这些经验弥足珍贵，要长期坚持"。[1] 习近平总书记关于精准扶贫的重要论述在国际减贫实践中的价值主要体现在以下方面。

（一）扶贫的综合性与精准度相结合具有世界意义

以实施综合性扶贫策略回应发展中国家贫困问题的复杂化和艰巨性。从全球范围看，致贫原因多元化、差异化是普遍存在的，贫困问题复杂性增强，单一力量或单一减

---

[1] 《习近平主持中共中央政治局第三十九次集体学习》，中国政府网，2017年02月22日，http://www.gov.cn/xinwen/2017-02/22/content_5170078.htm。

贫措施面对复杂贫困问题时很难取得突破性成绩。在贫困治理中，以扶贫对象需求为导向，分类施策，采取有针对性的扶贫措施，将扶贫资源供给与扶贫对象需求有效衔接。注重扶贫的综合性与精准度相结合，确立综合性扶贫脱贫思路，实施精准扶贫和实现精准脱贫。

（二）为发挥党和政府在减贫中的作用提供了中国智慧

发挥政府在减贫中的主导作用，以应对全球经济增长带来减贫弱化的普遍趋势。习近平总书记关于精准扶贫的重要论述将加强政府引导和主导作用作为减贫成效提升的根本。在精准扶贫实践中，我国政府主导了贫困瞄准、贫困干预、脱贫成效评估等减贫全过程。除不断加大投入之外，通过"中央统筹、省负总责、市（地）县抓落实"管理机制提升政府扶贫整体效能，激发强大的扶贫动能，构筑多元主体参与扶贫格局。

（三）精准识别解决了贫困瞄准的世界难题

自上而下与自下而上结合的贫困识别机制，解决了贫困瞄准的世界难题。总体而言，国际的贫困识别方法主要有自上而下的识别方法（如个体需求评估法）和自下而上的贫困识别方法（如以社区为基础的瞄准方法），且在单独运用中都存在一定的局限性。贫困的识别是一项专业性、复杂性强的技术性工作。基层干部往往难以胜任贫困识别的专业性工作。同时在贫困规模庞大的情况下，采用一家一户的家计调查的贫困识别成本高、耗时长，且难以排除贫困变动对精准识别的干扰。采取统计部门抽样测算贫困规模、自上而下逐级分解贫困指标的方法较好地保证了贫困识别的科学性。通过农户自愿申请、民主评议等自下而上的识别机制，能提高贫困识别的群众参与度和强化监督效果，较好地保障贫困识别的真实性。在习近平总书记关于精准扶贫重要论述的指导下，我国逐步形成和完善了自上而下（指标规模控制、分级负责、逐级分解）与自下而上（村民民主评议）相结合的精准识别机制，对国际减贫瞄准方法的完善具有积极的意义。

第二章

官田村经济社会发展状况

第一节　官田村概况

　　湖南省岳阳市下属的临湘市聂市镇官田村，由原远景村、引水村、官田村三村合并而成，地处长江流域丘陵地区，位于聂市镇东北部，四面环山，边上有付石村、春石村、新仲村、雷埠村。官田村是聂市镇下辖的行政村。

　　官田村山多田少，人口居住分散，全村共36个村民小组，760户，人口3100人，村设党总支，下设三个支部，党员共94名，村域面积18.3平方公里。官田村全村有水田1341亩，旱地850亩，山林2750亩，村级无经营性集体资产，无村办集体企业，村级主要靠转移支付过日子，农民收入来源主要是种田和外出打工。青壮年劳动力基本外出，村内基本是"三八"、"六一"、"九九"的人员结构。官田村由于自然条件恶劣、交通建设滞后等因素，2014年被定为湖南省级贫困村。

该村 2014 年共有贫困户 56 户、205 人，贫困人口超过 21%（2014 年官田村人口 960 人，2016 年 4 月现官田村由原官田村、引水村、远景村三村合并而成），所有贫困户人均年收入低于 3000 元，村民脱贫致富的愿望强烈。2017 年顺利摘帽，2017 年底被评为湖南省级脱贫示范村。

第二节　物产和矿产情况

官田村物产丰富，天蓝水清，出产楠竹、酸橙、蕹菜、红苹果、菊苣、通菜、羽衣甘蓝、干梅子等农产品。复杂的丘陵地形中蕴藏着红柱石、镁、煤、磁铁、铜等丰富的矿产资源。但村子与外界连接的交通不发达，基础设施建设落后，埋藏地下的丰富的矿产资源也没办法得到开采、运输、冶炼，现实条件还不能将沉睡在地下的财富挖掘出来，变成村民手中的致富资源。

第三节　基础设施建设情况

官田村地处山地、四面环山，群众居住分散，交通不便，水利设施老化失修，抵御自然灾害能力较弱，行路难、饮水难、用电难、上学难、就医难、居住条件差等问题比较突出，信息不畅，生产生活资料相对匮乏，公共服务基础设施严重不足。基础设施建设这个"瓶颈"像大山一样压在官田村群众心里，成为制约官田村经济发展的一大障碍。此外，交通不便导致乡村旅游规划难以推进，不利于政府招商，旅游项目上得慢、缺乏精品、效益不可持续等，难以实现从输血到造血的转变。

第四节　经济发展状况

官田村经济结构单一，土地抛荒严重，龙头企业、专业合作社或能人大户带动和辐射作用发挥有限，持续增收能力不强。仅有的农业经济还停留在传统种植业的水平上，收入基本上"靠天收"。农产效益太低，农业经济与经营模式单一，丰富的农产品打不开外面的大市场，农产品精加工还没形成地方特色产业。仅依靠传统种植业的官田村的经济发展是滞后的，发展产业基础薄弱、条件缺乏、项目缺失。农户基本没有抗风险保障，一旦遭遇水旱灾害，必然出现农户断了收入来源的现象，守着农田也解决不了温饱问题。

官田村产业发展缓慢，缺少能够支撑长效增收、脱贫致富的特色效益产业，即使是已经发展起来的一批产业，也仅处于起步阶段，特色效益尚未凸显，带动长效致富的能力不强，在推进精准扶贫到户的过程中，由于各户的情况和产业发展需求不同，乡村在一户一策、因户制宜、因地制宜的引导上做得不到位，造成个别农户对扶持项目不感兴趣、参与的积极性不高，产业项目推进落实困难；同时，大户带散户、公司带农户、合作社带社员涉及的贫困户甚少，多数贫困户缺乏技术指导，产业扶贫效果不明显。

第五节　劳动力文化程度与思想观念情况

官田村留守人员以老人居多、在外务工人员居多，且受教育程度普遍偏低，初中及以下文化程度者占比高。思想观念陈旧，科技意识不强，生产经营能力较低，缺乏致富能力和发展门路，抵御风险和自我发展能力弱。

第三章

官田村精准扶贫精准脱贫现状分析

第一节　官田村精准扶贫精准脱贫总体情况

2015~2017 年三年来，岳阳市委政法委牵头，会同多部门对该村开展精准扶贫联点帮扶，先后通过"党支部＋合作社＋基地＋农户"的产业化发展模式，投入 26 万元扶持产业发展，免费为 17 户贫困户提供香菇种植所需的生产工具和技术指导。相关部门还对村里的建档立卡贫困户精准实施光伏发电扶贫项目。多元化的致富门路，拓宽了贫困户的增收渠道，增强了农户的造血功能。官田村整合资源、综合施策、精准发力，使贫困群众自身发展能力得到提高，收入明显增加，生产生活条件进一步改善，逐步实现稳定脱贫致富。

图 3-1 2016 年 12 月在官田村香菇种植基地

（甘冲拍摄，2016 年 12 月）

为了帮助该村贫困群众尽快实现脱贫致富，帮扶工作组进村入户开展调查，走访贫困户，宣传脱贫相关政策，引导贫困群众转变观念，增强脱贫致富的信心。根据走访了解的情况，各单位利用自身优势，协同村委研究帮扶措施，制定脱贫规划，推动帮扶项目落地。

聂市镇官田村党支部书记谈美良说："近年来，我村在岳阳市委政法委等相关部门和单位的帮扶下，光伏发电、香菇种植、楠竹加工、养殖等产业得到发展，基础设施不断改善，生产增收渠道得到拓宽。"

2017 年，官田村贫困户危房改造 4 户，易地搬迁 2 户，劳务输出 11 户，个人养殖 5 户，申请低保 1 户，兜底 4 户，医疗救助 1 户，17 户参与光伏发电和散养土鸡分红。聂市镇官田村贫困户张飞跃说："国家的政策好，对贫困户的帮扶力度越来越大，每一年我们村的光伏发电收入分红大概是每户 3000 元，土鸡（养殖）分红每户大概是 600 元，现在日子越过越好。"截至 2017 年底，建档立卡贫困户增加至 132 户 380 人，清理"四类人员"67 户 202 人，清理后有贫困户 65 户 178 人，已完成脱贫 48 户 148 人，尚未脱贫 17 户 30 人。

第二节　官田村精准扶贫精准脱贫具体情况

一　吃透政策，宣传贯彻

各级政府把实现贫困村销号、贫困人口脱贫作为重大政治任务和头等民生实事，科学制定了一系列精准帮扶、精准脱贫政策与方案，即实施基础设施、扶贫搬迁、特色产业、环境整治、就业创业、保障兜底、教育扶贫、卫生扶贫、结对扶贫、留守关爱、基层组织建设等 11 个攻坚行动。官田村干部准确传达上级扶贫政策，把上级精神直接传达到农户，把工作队、扶贫专干、信息员的职责宣传给群众，让群众深入理解、积极配合，从而共同商定扶贫产业、扶贫项目，制定扶贫规划。

图 3-2　2016 年 12 月在官田村办公楼

（甘冲拍摄，2016 年 12 月）

二　精准识别，掌握情况

通过采取"三比"（比条件、比收入、比潜能）、"三看"（看房子、看孩子、看车子）、把住"三关"（村民自荐关、村委审议关、村民评议关）等举措，精准识别，掌握了贫困户家庭情况和致贫原因，没有发生一起因扶贫引起的上访。

三　大兴产业，助力增收

官田村形成了"党支部＋合作社＋基地＋农户"的产业化发展模式。

（一）光伏电站发电扶贫

在湖南省扶贫办和各联点单位的共同帮助下，官田村2016年建成发电总功率100kW的光伏电站。按"节约开发、环保利用、集中连片"的原则，该村光伏电站于2016年10月动工，建在该村谢坡组食用菌基地内，总投资85万元，占地约800平方米，设计规模100kW，使用年限25年，年发电量11万千瓦·时左右，12月份并网盈利。可帮扶25户贫困户年受益不低于3000元，如果受益贫困户35户，则贫困户家庭年增收入2000元以上，是"快速见效、长期有效"的惠民项目。

（二）山林养鸡扶贫

临湘市文旅广新局帮助官田村筹建了一个集体山林养鸡基地，文旅广新局出资10万元作为启动资金，首期放养4000羽仔鸡进行喂养。针对官田村山林面积大、老百姓缺少种养技术的实际情况，决定由村长负责聘请2名养鸡能手，帮助指导广大村民进行科学养殖。山林养鸡基地每年收入的50%被作为扶贫基金，当年按政策发放给全村贫困户；另外的50%作为基地再发展基金用于扩大经营规模，其利润每年按比例列入村扶贫基金，然后按政策发放。

（三）楠竹加工扶贫

官田村山林多，盛产楠竹，扶贫工作队和村"两委"一

图 3-3 2016 年 12 月在钜元竹业有限公司

（甘冲拍摄，2016 年 12 月）

起努力，因地制宜，积极了解市场信息，大举招商引资，为企业排忧解难，主动服务，成功吸引邱平老板投资 280 万元，于 2016 年 11 月成立了官田村钜元竹业有限公司，主要生产竹制品，产品深受市场好评，现有工人 40 多人，为官田村提供就业岗位 20 多个，4 户贫困户实现在家门口就业。

（四）大棚香菇种植扶贫

在各联点单位的帮扶下，该村还成立"华澳菌业"专业合作社。2015 年，时任岳阳市委常委、政法委书记的向伟雄同志在聂市镇官田村精准扶贫项目香菇种植基地与帮扶对象一起算起了细账："一个大棚种植一千根香菇菌棒，一年可收四茬，可收新鲜香菇 4000 斤左右，按照市场行情 8 元每斤的价格，一年可收入 3 万元左右。扣除人工费用及物资费用，可以纯赚 15000 元左右。对于部分精准扶贫对象而言，一年就可以摘掉贫困的帽子。""华澳菌业"专业合作社成立以后，全村 13 户贫困户参与种植香菇，每户可分得 1000 根香菇菌棒，户均纯收入达 10714 元。

图 3-4　2016 年 12 月在与村民交谈

（甘冲拍摄，2016 年 12 月）

四　政策兜底，全面覆盖

用好用足政策，把新医保、低保、五保、临时救助等政策覆盖到所有贫困户，防止返贫发生。2016 年底完成易地搬迁 5 户、危房改造 4 户；争取了临湘首家金融扶贫服务站在官田村挂牌成立，为 17 户贫困户脱贫提供了资金；引导知名乡友资助 10 多个贫困户子女就学。

五　创造条件，完善基础

官田村投入 90 万元，新建文化活动中心和技能培训基地，突破了贫困户市场信息闭塞、适用技术缺乏的致富瓶颈；投入 35 万元，硬化赵畈、老屋、注冲等组道路 3.5 公里，解决了贫困户物资运送难问题；投入 14 万元，整修加固 3 座山塘，浆砌石沟渠 4.6 千米，铺设 U 形槽 800 米，破解了贫困户农田灌溉难题；投入 4 万元，修建垃圾池 80 个，改善了人居环境。

六　加强监管，防止违规

加强和规范专项扶贫资金的使用管理，提高资金使用效益。实行阳光运行，健全公示公开制度，防止违纪现象发生。

总之，官田村贫困群众增加收入的渠道增多了，提高收入有保障了，每年的收入增加了，特殊贫困家庭也得到了兜底保障救助。摘掉官田村长期以来的贫困帽子、实现所有贫困人口脱贫目标指日可待。

第三节　课题组对官田村精准扶贫精准脱贫现状的调研

2016 年 12 月至 2019 年 6 月，中国社会科学院"精准扶贫精准脱贫百村调研"子课题组主要成员先后 7 次到湖南省临湘市聂市镇官田村调研，深入官田村委和每户贫困村民家中了解该村精准扶贫、精准脱贫的具体情况。2016 年 12 月 9 日至 16 日，课题组第一次赴官田村调研，收集村问卷材料，了解官田村精准扶贫、精准脱贫的整体情况，走访部分贫困户；2017 年 2 月 5 日至 15 日，第二次赴官田村调研，了解岳阳市、临湘市两级政府单位派出官田村驻村扶贫队的具体情况，与驻村干部座谈，走访部分村民与贫困户；4 月 2 日至 4 日，第三次调研，与村"两委"干部座谈，补录部分村民问卷情况，继续走访村民与没有走访到的贫困户；5 月 26 日至 31 日，第四次调研，继续赴部分村民家中访谈，完成部分入户调研问卷，继续走访没有走访到的贫困户；6 月 4 日至 25 日，第五次调研，赴部分村民家中访谈，完成入户调研问卷，继续走访没有走访到的贫困户；8 月 2 日至 8 月 11 日，第六次调研，补录部分入户调研情况，走访完所有贫困户；2019 年 6 月 27 日至 28 日，第七次调研，对精准扶贫、精准脱贫情况进行回访，对部分调研数据进行更新。

通过 7 次调研，走访了每一户贫困户，课题组完成了对官田村精准扶贫、精准脱贫的村问卷和入户调研问卷的收集、整理和录入，对该村扶贫工作相关情况有了较为细致深入的了解。在实地调研、掌握材料之后，对近几年来官田村精准扶贫、精准脱贫工作取得的成绩和原因、存在的问题和不足等一一做出了分析。

图 3-5　2017 年 4 月在贫苦户彭家齐家

（甘冲拍摄，2017 年 4 月）

一　受访住户概况

课题组入户访问共计 57 户 57 人。在这 57 户当中，受访者年龄段及人数（如图 3-6 所示）分布如下：40~49

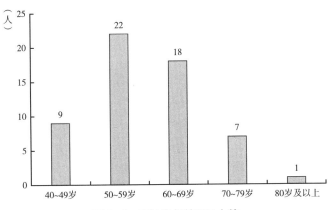

图 3-6　受访者年龄段及人数

资料来源：精准扶贫精准脱贫百村调研官田村调研。

岁 9 人；50~59 岁 22 人；60~69 岁 18 人；70~79 岁 7 人；80 岁及以上 1 人。其中住户类型（如图 3-7 所示）分为：建档立卡户 29 户，具体分类（如图 3-8 所示）为一般贫困户 5 户，低保户、低保贫困户、五保户和脱贫户各 6 户；非建档立卡户 28 户，具体分类（如图 3-8 所示）为非贫困户 12 户，建档立卡调出户 16 户。

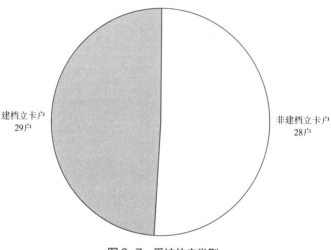

图 3-7　受访住户类型

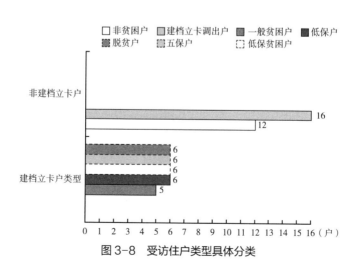

图 3-8　受访住户类型具体分类

二　致贫原因分析

课题组仔细分析 57 户的情况后发现，官田村的致贫原因，除了基础设施建设落后、经济结构单一等一系列宏观原因外，还存在如下微观原因。

（一）因病致贫

"因病致贫、因病返贫"现象不是官田村才有的问题，而是一个全国性的重大问题，是打赢脱贫攻坚战的阻碍。目前，对贫困农户来说，生病以后，常常是小病扛、大病拖，对不能再扛、不能再拖的病，治疗费用就成了这些农户的沉重负担。这类贫困户被长期积累的医疗费用和长期生病的痛苦压得喘不过气来，自身没有精力和信心摆脱贫困。俗话说"辛辛苦苦几十年，一病回到解放前"，"小病输掉一头牛，大病卖掉一栋楼"，高额的医疗费用使得坊间流传着这些"经典"的段子。一场大病就像一场灾难，沉重的经济负担压垮了不少家庭，使得"因病致贫、因病返贫"屡屡上演。我国建档立卡贫困户中，因病致贫、因病返贫的比例均在 42% 以上。患病的农村贫困人口中，年龄在 15 岁至 59 岁的占 40% 以上，他们基本上是所在家庭的主要劳动力，患者不但需治疗费用，还会因为丧失劳动能力而直接影响创收，使家庭陷入贫病交加境地。另外，医学规律也决定了解决因病致贫返贫问题是一个长期的过程。因此，解决因病致贫返贫问题是打赢脱贫攻坚战的难中之难，也是打

图 3-9　2017 年 4 月在贫苦户彭金星家

（甘冲拍摄，2017 年 4 月）

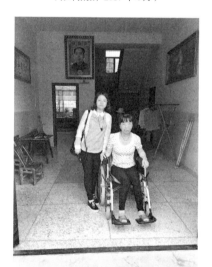

图 3-10　2017 年 4 月在贫苦户彭国政家

（甘冲拍摄，2017 年 4 月）

赢脱贫攻坚战的关键战役。①

　　在课题组走访的 57 户中，有 19 户家中有人残疾或有

---

①　国家卫健委：《解决因病致贫因病返贫问题　打赢健康脱贫攻坚战》，人民健康网，2018 年 4 月 25 日，http://health.people.com.cn/n1/2018/0425/c14739-29949739.html。

人患病需要治疗，年平均医药费支出为 8589 元，其中自费部分为 4578 元，报销掉的部分不足一半（如图 3-11 所示）。而官田村 2016 年的家庭平均纯收入为 25322 元，生活消费总支出为 17629 元。由此可见，这 19 户因残疾或治疗疾病，每年的花费占了生活消费总支出不小的一部分，这成为压在这 19 户村民身上的沉重负担。

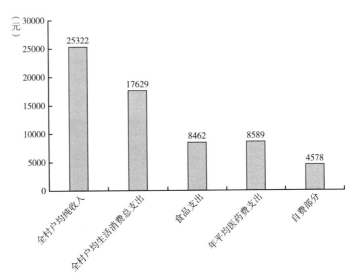

图 3-11　家中有残疾或需要治疗的病患的受访住户 2016 年户均收支情况

（二）因残致贫

因残致贫是指因为残疾导致劳动能力丧失，无法通过劳动获得稳定收入，从而陷入贫困的现象。这一问题也并非官田村独有，在全国也是一种普遍现象。要想打赢脱贫攻坚战，必须花大力气解决因残致贫问题。2016 年 4 月 24 日，习近平总书记深入安徽金寨贫困村贫困户考察精准扶贫时深刻指出，"因病、因残致贫问题时有发生，扶贫机制要进一步完善兜底措施"。[①] 习近平总书记在此明确提出"因残致贫"问题的存在和完善扶贫机制的方向，开启了对贫困残疾人精准扶贫的新阶段，具有重大的理论和现实意义。

图 3-12　2017 年 4 月在贫苦户张飞跃家

（甘冲拍摄，2017 年 4 月）

2017 年 6 月 23 日，习近平总书记在太原主持召开深度贫困地区脱贫攻坚座谈会时强调，"我们必须看到，我国脱贫攻坚面临的任务仍然十分艰巨"，"越往后脱贫成本越高、难度越大。从结构上看，现有贫困大多是自然条件差、经济基础弱、贫困程度深的地区和群众，脱贫是越来越难啃的硬骨头。在群体分布上，主要是残疾人、孤寡老人、长期患病者等'无业可扶、无力脱贫'的贫困人口以

① 《习近平考察安徽金寨：扶贫机制要进一步完善兜底措施》，中国共产党新闻网，2016 年 4 月 25 日，http://cpc.people.com.cn/n1/2016/0425/c64094-2830 1996.html。

及部分教育文化水平低、缺乏技能的贫困群众"，"深度贫困县贫困人口中低保、五保贫困户占比高达近 60%，因病致贫、患慢性病、患大病、因残致贫占比达 80% 以上，60岁以上贫困人口占比超过 45%（根据河北省的调查）"。①习近平总书记进一步把"精准"的指向明确到了深度贫困地区和特殊贫困群体，并且结合深入的调查研究，把"残疾人"与"长期患病者"区别开来分别强调，体现了对残疾人的"格外关心、格外关注"，也进一步明确了"因残致贫"的客观性和普遍性。

官田村残疾或患病的居民每年不仅要花费一笔资金用于治疗，还会由于丧失劳动能力而导致家庭缺乏劳动力，从而缺少工资性收入，其家庭遂因残致贫。

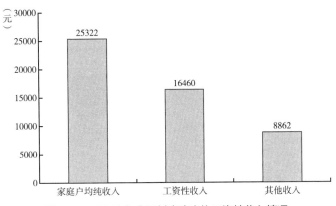

图 3-13　2016 年官田村家庭户均工资性收入情况

（三）因缺乏劳动力致贫

劳动力是创造家庭收入的主要来源。通常情况下一

----

① 习近平：《在深度贫困地区脱贫攻坚座谈会上的讲话》，人民出版社，2017，第 5~7 页。

个农村家庭的劳动力越多，其家庭收入来源就相对广泛，那么这个农村家庭的收入也相应增加，其贫困的概率也就相应低。如果一个家庭缺乏劳动力，那就意味着这个家庭在创造收入方面处于弱势地位。因此而致贫，也是意料之中的事情。官田村缺劳动力而致贫的农户，除一部分是因病、因伤而丧失劳动能力外，还有一部分为老龄户，他们因为年龄较大，没有劳动能力去从事足够的生产，以致收入来源非常少。如图 3-13 所示，2016 年，官田村家庭平均纯收入为 25322 元，其中工资性收入 16460 元，占总收入的比例约为 65%。而工资性收入的主要来源就是劳动力。可以想象，如果一个家庭缺乏劳动力，那么这个家庭的年收入必定会大为减少。

图 3-14　2017 年 4 月在贫苦户沈祖亮家

（甘冲拍摄，2017 年 4 月）

（四）因教致贫

教育具有致富的功能是不争的事实，这也是我国实行"教育先行"、"科教兴国"等政策的主要原因。教育在为经济社会发展提供智力和技术支持、促进农民增加收入、推动农村经济发展等方面，起着至关重要的作用。一般认为，接受教育是提升个人竞争力的重要途径，在摆脱贫困的过程中，教育扮演了关键的角色。教育给人们提供了相对公平的竞争平台，使得寒门子弟能够展示自己的才华，进而争取更好的工作机会，从而为解决个人、家族乃至更多人的贫困问题提供可能。然而，在改革开放取得巨大成就、国家经济实力增强、人民生活水平提高以及国民受教育机会明显增加的情况下，我国广大农村地区却出现了"因教致贫"现象，致使"读书无用论"再次兴起，使得农村地区对后代的教育投资日趋减少。近些年，"因教致贫"问题受到社会各界的广泛关注，甚至与"因病致贫"、"因愚致贫"等问题并列，成为社会发展领域的重要问题。

"因教致贫"是近几年为社会各界广为关注的问题，它已经与"因病致贫"和"因愚致贫"并称为社会顽症。因教致贫是说一旦家庭中有孩子接受教育，家庭便开始贫困，贫困的原因就是现在的教育成本越来越高，教育的预期收益率却越来越低，教育投入成了"亏本买卖"。这种现实已经导致许多家庭形成了"一方面希望孩子上学，另一方面又害怕孩子上学"的矛盾心态。"因教致贫"会导致新的"读书无用"论，并进一步形成从"因贫致愚"到"因愚致贫"的社会怪圈，应该引起全社会的广泛关注。

课题组走访的57户中，21户有适龄儿童上学，年平均学费支出为3381元/户，其中直接费用2676元/户（如图3-15所示）。学费支出占了家庭收入和家庭支出的不小比例。对于贫困户来说，教育支出使得本来就紧紧巴巴的日子更加捉襟见肘。2016年端午节前，特困户沈小喻两个在临湘聂市中学读书的儿子，因家庭困难被迫弃学。幸好当时岳阳市委常委、政法委书记向伟雄立即告知镇里、村组，不管有什么困难，必须让孩子上学，这才解决了特困户沈小喻孩子因贫辍学的问题。

在调查中，受访村民中很多人认为扶贫的核心应该是持续增加贫困户收入。如果核心只是增收，那么社会保障

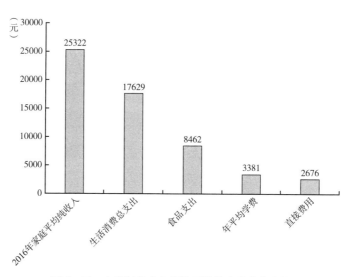

图3-15　有适龄儿童上学的受访住户学费支出情况

是不是不重要？社会保障包括教育保障、医疗保障、养老保障、住房保障等，这些都与增收没有直接关系。因此，课题组认为扶贫的核心是提高贫困人口生活质量，单纯从收入来概括，欠缺妥当。

第四章

官田村精准扶贫精准脱贫过程中的
主要经验

官田村精准扶贫精准脱贫的主要经验，一是精准识别，二是采取政府、市场、社会、社区和农户"五位一体"的贫困治理模式，三是以项目支持的产业扶贫为主要抓手。

第一节 精准识别是前提

精准识别目标群体并使扶贫政策最大化地对准并帮助目标群体，是精准扶贫的基础和前提。在扶贫过程中，最怕出现有限的扶贫资金没有落在实处：符合条件的群体没有全部受益，而不符合条件的群体却从中受益。官田村通过组织村干部对村内部进行摸底排查，精确锁定贫困农户，并结合自上而下的建档立卡工作和村庄集体评选贫困户的组织方式，经申请评议、公示公告、抽检核查、信息录入等程序，建立科学的贫困户识别系统并对其进行信息化管理，以减少过往瞄准目标偏离的问题，提高瞄准的准确性。此外，官田村对识别出来的贫困户还按周期进行动态调整管理，对已脱贫的即时摘掉其贫困户的帽子，将身残无法通过劳动自行脱贫的纳入低保户范围。对不符合条件的给予清退，将符合条件的贫困户及时纳入，动态调整管理确保了官田村对贫困户的情况有一个准确的把握，能够帮助村干部更加精确地瞄准扶贫对象、制定扶贫策略。

第二节　基础设施建设是基础

官田村四面环山，交通不便，全村"路、水、电、卫、亮"等基础设施建设存在缺陷，农田灌溉存在困难，极大地影响了农民的农业收入。基础设施建设这个"瓶颈"像大山一样压在官田村群众心里。此外，交通不便导致乡村旅游规划难以推进，不利于政府招商，旅游项目上得慢、缺乏精品、效益不可持续等，官田村难以实现从输血到造血的转变。官田村要想实现脱贫，首先就要解决道路交通问题以及相应的公共基础设施建设问题。

第三节　产业扶贫是关键

扶贫产业要深挖特色，提倡发展区域性的特色产业，寻找差异化，这是贫困地区的优势。贫困地区地理条件差异大，资源类型丰富，小规模的特色产品较多。许多贫困地区工业落后，农业生产方式原始，但恰恰生态好、污染少，发展有机生态农业有优势。利用贫困地区丰富的乡村旅游资源，发展休闲、养生和观光的旅游业，迎合城镇高收入居民的需要，也是一种高效率的选择。贫困地区应该重点发展适合当地生态和环境资源、竞争力强、品质高和附加值高的特色产业，以满足高端消费的需求，从而有效弥补土地、水资源等方面的不足。贫困地区应该从市场角度因地制宜地开发小众的农产品，利用资源禀赋进行特色产业扶贫，将农业与第二产业和第三产业相结合，在以特色农业为主的同时，通过发展农副产品加工业和乡村旅游、养老业来延长产业链，避免千篇一律。

官田村的扶贫主要依托于项目支撑，通过种植香菇、散养土鸡、楠竹加工和光伏发电等项目的盈利收入，实现贫困户就业并给贫困户分红，解决他们生活上的困难。官田村的成功之处就是多项产业同时发展，在丰富当地产能的同时，使村集体经济进一步做大做强。官田村没有通过流转土地来进行扶贫，而是在使农民保有土地的情况下，通过其他扶贫项目增加农民收入。这样既保证了农民的既有收入不会受到损失，又能给农民带来新的收入。

图4-1　2016年12月在官田村香菇种植基地

（甘冲拍摄，2016年12月）

第四节　"五位一体"的贫困治理模式

在现阶段，政府仍是扶贫的绝对主力，政府扶贫对解决大面积、集中性的贫困问题卓有成效，但是在"精准"

推进方面却存在人手不够、能力不强、资源不足、方法不当等弱点，急需市场部门和社会组织的共同参与，发挥各类社会力量的优势，以确保"六个精准"的有效落实。各类企业能够在招商引资等优惠政策的扶持下，充分发掘贫困地区的自然禀赋和市场优势，利用完善的市场流通渠道和成熟的市场运营手段，快速建立起本地的生产、加工、流通和贸易体系，并在发展和扩张中吸纳就业、提高农民收入水平、带动群众消费、推动贫困地区经济发展。市场经济的发展也会给本地群众带来新观念和新思路，刺激他们跳出传统思想，结合市场机遇和扶持政策去发展个人产业和家庭事业，从而提升贫困家庭脱贫致富的内生动力和可持续发展能力。

官田村在扶贫中采取政府、市场、社会、社区和农户"五位一体"的贫困治理模式，提出要从识别、扶持、管理、考核、利益联结、社会动员与激励等方面探讨精准扶贫的作用机制。湖南省扶贫办、岳阳市政法委、临湘市文旅广新局等单位的联手帮扶，不仅解决了资金上的问题，还帮助官田村设计了详细并行之有效的扶贫项目。

第五章

官田村精准扶贫精准脱贫的具体措施

为了帮助官田村尽快实现脱贫致富的愿望，岳阳市委派岳阳市委政法委、司法局、移动公司与临湘市文旅广新局等相关部门单位对官田村开展定点帮扶工作。2015 年，时任岳阳市委常委、政法委书记的向伟雄同志多次带领岳阳市相关部门负责人深入官田村现场调研，了解扶贫联点村发展现状，谋划脱贫致富之路。官田村通过广泛征求群众意见，初步制定了三年工作规划，重点发展香菇、特色养殖、光伏发电、毛竹加工等产业，帮助村民脱贫致富，同时加强基础设施建设和环境整治，着力改变贫困面貌。具体来说，官田村精准扶贫精准脱贫的措施如下。

第一节　地方政府加大组织力度与各方大力帮扶

地方政府是党的政策的主要执行力量，所谓"上行下效"靠的就是党中央的科学领导与地方各级政府的正确执行。地方政府也是连接党与人民群众的桥梁，党"以人民为中心"主要体现在各级地方政府传达并执行党的政策，领导人民群众，在具体工作中坚定实现"人民利益至上"的各项工作中。精准扶贫精准脱贫工作在具体落实中主要依靠地方政府的组织水平和领导水平。提升地方政府组织领导水平并加大地方政府组织领导力度与各方扶持力度是顺利完成精准扶贫精准脱贫任务的保障，也是深度脱贫工作中政府发挥行政投入主体与主导作用的集中体现。

顺利开展精准扶贫精准脱贫工作、有效完成扶贫脱贫任务非常关键的一步是加强贫困地区扶贫第一线工作的组织领导队伍的建设。没有强劲有力、高效实干的地方政府组织领导队伍，党的政策就不可能得到推行，扶贫脱贫不可能打开局面、推进工作、取得成效。习近平总书记在扶贫脱贫工作会议上指出，要把强化农村基层党组织同脱贫攻坚有机结合起来，选好一把手、配强领导班子，特别是要下决心解决软弱涣散基层班子的问题，发挥好村党组织在脱贫攻坚中的战斗堡垒作用。扶贫脱贫是党培养中国特色社会主义新时期新型干部的特殊战场。党的领导干部，心里是否真有群众意识，是否真正落实党和国家政策、为人民服务，是否真正作为人民公仆替人民办实事，是否真正做到带领群众共同致富，就看他们在精准扶贫精准脱贫攻坚战中的领导能力与带头作用。事实证明，在扶贫干部真正沉下去到村里同群众一起干，用心用情用力做好帮扶工作的地方就是贫困村取得巨大成果的地方。有一支真正帮扶贫困群众脱贫的领导队伍，就有了贫困群众走上脱贫道路的带头人。

岳阳市临湘市政府在官田村精准扶贫精准脱贫工作中坚定不移落实党中央在扶贫脱贫攻坚战中的策略部署与规划，坚持把脱贫攻坚摆在全局工作的重要位置，作为最大的民生工程，以认识聚共识，用真功扶真贫。解决官田村的深度贫困问题被市级党委和政府作为"十三五"期间头等大事和第一民生工程在抓，市里坚持以脱贫攻坚统揽经济社会发展全局。对于省级贫困地区而言，省市县各级党委是精准脱贫攻坚的总指挥部，市委、县委书记统揽全区脱贫攻坚工作，针对各贫困村帮扶脱贫工作统筹做好进度安排、项目落地、资金使用、人力调配、推进实施等工作。岳阳市委常委多次深入帮扶村实地考察调研，慰问困难群众，指导推进扶贫工作。单位分管领导多次深入帮扶村与村、镇、县干部群众一道研究确定扶贫项目，检查工作进度，协调落实扶贫资金。聂市镇高度重视扶贫工作，镇党委书记亲自联系官田村贫困户，多次调度指导官田扶贫工作，扶贫工作队和村支两委干部把扶贫工作作为民心工程、实事工程、重中之重，高位推进。市县各级部门针对官田村的精准扶贫精准脱贫成立了专门工作组，为官田村扶贫脱贫提供其所需的金融资金及税务、农业技能培训，建设水利等基础设施。在官田村精准扶贫精准脱贫的落实中，地方政府充分发挥行政领导的主体与主导作用。针对深度贫困地区，政府会同各部门制定适宜官田村的扶持、脱贫规划，各部门对扶贫脱贫中的各种惠民项目给以政策倾斜，例如金融资金优先投入、保险项目收费标准低、优先保障建设用地等。

同时，临湘市委常委多次召集市委政法委、市司法局、中国移动岳阳分公司三家精准扶贫责任单位，以及相关支援单位如市扶贫办、市水利局、市文广新局等部门开会，针对前期走访、座谈、了解的情况，对脱贫攻坚中的困难和问题定期研究、定期调度，确保了脱贫攻坚工作高位推动、统筹推进，使脱贫攻坚的路径更清晰、措施更具体。严格按照"4321"帮扶机制，落实市直帮扶单位领导干部的帮扶责任，确保每户贫困户都有对应帮扶责任人。要求每个结对帮扶的领导干部率先垂范，以身作则，带头认真摸清帮扶贫困户基本情况，逐户制定帮扶措施和扶贫目标，切实做到贫困底数清楚、扶贫规划科学、攻坚措施精准，解决了"谁来扶"的问题。五个扶贫单位联系领导亲自带队，率扶贫队员、村干部深入各组，开展遍访调查，掌握农户的家庭实际情况。严格执行"户申请、村评议、镇核查、县审批"的识别程序，一把尺子量到底，进村入户、摸清底子，分类统计、一户一策、建档立卡、动态管理。2014 年建档立卡以来，按照市里要求，将解决识贫不准和脱贫质量不高问题作为发力重点，坚持实事求是、应进尽进、应退尽退，通过采取"三比"（比条件、比收入、比潜能）、"三看"（看房子、看孩子、看车子），把住"三关"（村民自荐关、村委审议关、村民评议关）等举措，把评判权交给群众。

以临湘市国税局精准扶贫工作组对官田村的"精准扶贫，志愿帮助"活动为例。国税局工作组在向官田村村两委班子详细了解官田村村级发展现状及精准扶贫工作的开展情况后，为村里 25 户 55 个贫困者中的特困户送去了帮扶慰问金。对官田村的钜元竹业、光伏发电、香菇种植基地等产业项目提出帮扶建议，"送上"了关于项目发展壮大后有关税收优惠方面的政策。工作组积极帮助村"两委"联系临湘市湘农壹品基地，基地建立长期帮扶机制，利用该村的生态资源发展生态养殖，基地提供免费鸡苗和管理技术，并负责高价收购及加工销售，贫困户负责饲养就能获得可观的收入。通过这种形式帮助 25 户贫困户创收增效、走上彻底摆脱贫困的道路。

岳阳市临湘市加大扶贫脱贫领导队伍的建设与组织领导力度是官田村脱贫工作取得巨大成果的重要原因，贫困群众有了务实能干、一心为民的领导力量，摆脱贫困、走上富裕小康的日子就不远了。

第二节　完善脱贫计划，加强基础设施建设

有了精准扶贫精准脱贫的科学政策，也有了坚强有力、务实能干的地方组织领导力量，制定并有效落实扶贫脱贫计划就是保证扶贫脱贫工作切实展开的基本前提。

落实并完成官田村精准扶贫精准脱贫任务的重要一步是为贫困户制定脱贫计划，加强村内基础设施建设。为了帮助官田村贫困群众尽快实现脱贫致富，帮扶工作组进村入户开展调查，走访贫困户，宣传脱贫相关政策，引导贫困群众转变观念，增强脱贫致富的信心。根据走访了解的情况，各单位利用自身优势，协同村委研究帮扶措施，"量体裁衣"制定脱贫规划，推动官田村加快基础设施建设，给帮扶项目落地、开花、结果铺平道路。

官田村地处长江流域丘陵地区，四面环山。边上有付石村、春石村、新仲村、雷埠村，村子与外界连接的公路建设落后，交通不发达，基础设施建设薄弱，即便有丰富的物产和矿藏也是采不出来、运不出去，传统农业基本上靠天收成。交通、水利等基础设施是制约官田村经济发展和村民脱贫致富的一个瓶颈。针对官田村自身条件和贫困状况，由省扶贫脱贫领导部门主导、市县扶贫工作组牵头落实，为官田村基础设施建设与扶贫脱贫制定详细的帮扶计划。制定详细科学的计划是指导官田村修路、修水利、帮扶脱贫包干到户的有效方法。

"要想富，先修路"，扶贫工作组结合官田村自身经

济发展基础与现有的条件、特点，因地制宜给官田村量身定做适合其发展的基础建设计划。扶贫工作组会同村支两委，积极争取项目立项和资金，全力推进全村"路、水、电、卫、亮"等基础设施建设。为了硬化赵畈、注冲、老屋 3 个组 3.5 公里的主干公路，通过单位帮扶、国家配套和村民自筹等共筹资 98 万元，如今公路已竣工通车。针对农田灌溉存在的困难，扶贫工作组筹集资金 14 万元，完成了谢坡、检失、廖冲等 3 口山塘改造和 800 米引水渠铺设工程。

2017 年，官田村投入 93 万元，新建村部，投入 110 万元新建文化活动中心，投入 100 万元进行国土平整，投入 80 万加固病险山塘水库，投入 50 万元，硬化赵畈、老屋、注冲等组道路 6.5 公里；投入近 100 万元覆盖农村宽带网络；投入 20 万元，新修八屋等组级公路；投入 50 万元，新修党员活动中心；近期准备投入 120 万元启动农村安全饮水项目、投入 60 万元建设王冲水库整险加固项目。两年多来总共投入近 800 万元进行基础设施建设。实现了"两个基本"，公共服务基本完善，基础设施基本达标。

为了完善人居环境卫生整治、解决脏乱差的问题，根据市委、政府的工作要求，村支两委在 2019 年初召开专题会议，对全村环境综合治理进行了全面规划，成立了领导小组，明确分工负责，制定了村人居环境整治标准，向上级争取资金 10 万元，出动 300 多人次清理垃圾，彻底消灭了脏、乱、差现象，农村环境整洁清新。工作队就地接受其他工作任务，完成人居环境整治项目 36 个，开展活动两次，打造亮点屋场1个，拆除"空心房"51栋共4672.6平方米。

聂市镇官田村党支部书记谈美良在总结精准扶贫精准脱贫中官田村的受益与日新月异的村落变化时，强调近年来官田村在岳阳市委政法委等相关部门单位帮扶下，光伏发电、香菇种植、楠竹加工、养殖等产业得到发展，基础设施不断改善，生产增收渠道得到拓宽。

第三节　因地制宜，结对帮扶，助力发展特色经济

对于土地资源不甚丰富的官田村来说，"一方水土养活不了一方人"的贫困曾经让人愁肠百结，守着一块薄田靠天收的群众几十年摘不掉贫困的帽子。摆脱这个困境就需要因地制宜，搞多种农业经营模式，帮助贫困群众增加收入来源，提高收益。岳阳市临湘市扶贫工作组在官田村采取结对帮扶的办法，利用已有的农业基础条件，开拓多渠道种植业、养殖业等地方特色农业经营模式，带领贫困群众发展地方特色经济。近几年来帮助贫困人口增加收入，拓宽贫困群众收入渠道，成为让贫困群众彻底脱贫的最有效方法。

官田村物产丰富，天蓝水清，自然环境优越，出产楠竹、酸橙、蕹菜、红苹果、菊苣、通菜、羽衣甘蓝、干梅

子等农产品。复杂的丘陵地形中蕴藏着红柱石、镁、煤、磁铁、铜等丰富的矿产资源。但是官田村山多地少，耕地面积不足，仅有的农业经济还停留在传统种植业的水平上，收入方面基本上"靠天收成"。"一方水土养活不了一方人"的根本原因在于，农产效益太低，农业经济经营模式单一，丰富的农产品打不开外面的大市场，农产品精加工更谈不上作为地方特色产业获得发展。埋藏地下的丰富的矿产资源也没办法得到开采、运输、冶炼，现实条件还不能将沉睡在地下的财富挖掘出来，变成村民手中的致富资源。仅依靠传统种植业的官田村的经济发展是滞后的，发展产业基础薄弱、条件缺乏、项目缺失。农户基本没有抗风险保障，一旦遭遇水旱灾害，必然出现农户断了收入来源的现象，村民守着农田解决不了温饱问题。

在精准扶贫精准脱贫政策落地后，市级扶贫工作组掌握官田村最直接的实际情况，针对官田村种植业基本特点和现有条件，扶贫工作组利用扶贫脱贫优惠政策，加大对官田村农业增收的扶持力度，提供价格优惠的农药化肥等农业物资，加大对农户现代农业种植与管理技术的培训，帮助农户尤其是贫困群众提升农业增收的科技能力，加大现代农业技术普及力度，让官田村能从农业增收中找到解决山多地少这一先天不足问题的有效办法。在近几年的努力下，官田村农业收益有明显效果，种植业与养殖业保险扶持政策，增强了贫困群众抵抗风险的能力，保证了农田丰收农户得利、农田欠收农户保利。

市县扶贫工作组从 2014 年以来，由岳阳市委政法委牵头，会同岳阳市相关单位对官田村实行帮扶结对、联系到户，并定期入户，直接助力联系的贫困群众参与帮扶产业项目。共筹集并落实各类帮扶资金90多万元。扶贫工作组带领官田村促成村支两委与岳阳华奥菌业有限公司种植、养殖合作项目，在官田村谢坡组新建一个香菇种植示范基地。基于"党支部＋合作社＋基地＋农户"的产业化发展模式，投入26万元扶持产业发展。免费为该村21户贫困户提供香菇种植所需的菌棒原料、生产工具和技术指导，公司负责销售，农户只需做好日常维护。岳阳市委常委、政法委书记向伟雄跟帮扶贫困群众算细账：一个大棚种植一千根香菇菌棒，一年可收四茬，可收新鲜香菇4000斤左右，按照市场行情每斤8元的价格，一年可收入3万元左右。扣除人工及物资投入费用后，可以纯赚15000元左右。对于部分精准扶贫对象而言，一年就可以摘掉贫困的帽子。结对帮扶的种植业项目不仅解决了贫困群众创收增收的困难，还带动种植户发展了地方特色的农业经济。

结合官田村的自然条件，规划建设了一个楠竹加工基地，解决5户贫困户的就业，为这5户贫困户年创收20000元；新建一个蘑菇基地，已向21户贫困户提供帮扶，每户每年收益7000元左右；新建一个100kW的光伏发电站，年总收益预测为12.25万元，受益贫困户年增收2000元以上；新建一个养鸡场，每年可赢利2万元，贫困户可分红600元。成立由村支两委主导的农民专业合作社2个，发展村集体经济，规划采取"党支部＋合作社＋基地＋农户（贫困户）"的模式，以合作社推动产业转型发展，落实了"怎么扶"的措施。确保了村级集体收入超 4 万元，贫困发生率控制在 2% 以下。

根据部分贫困群众家庭具体情况与劳动力不足的特点，扶贫工作组免费向彭金岳、刘北海等 17 户贫困户发放鸡苗 850 只，向彭水平等 8 户提供猪种 8 只，帮助他们发展养殖业、拓宽收入渠道、增加家庭收入，为这些贫困群众脱贫提供了最有效的方法。为了解决耕地不足、收入来源受制约的问题，除推出种植业、楠竹加工业、养殖业等项目之外，扶贫工作组还帮助部分贫困群众实现搬迁转移就业、外出劳务创收等。

第四节　加强贫困地区教育扶持与农业技能培训

帮助贫困户掌握一两门养殖业劳动技能，加强贫困地区教育扶持与农业技能培训是加大贫困地区内生动力培育力度的必要之举，将扶贫与扶志、扶智结合起来是官田村贯彻十九大精准扶贫精准脱贫政策的重要实践内容，也是官田村扶贫脱贫取得重大成果的重要原因之一。

习近平同志在中共中央政治局第三十九次集体学习时和十九大报告中都强调，要注重扶贫同扶志、扶智相结合，引导贫困群众树立主体意识，发扬自力更生精神，靠自己的努力改变命运。党的十九大以后，官田村在市政各相关部门的精准扶贫精准脱贫帮扶下，坚决落实习近平总书记提出的"动员全党全国全社会的力量，坚决打赢脱贫攻坚战，做到脱真贫、真脱贫"的号召。在实践中真正体现十九大报告所提出的"注重扶贫同扶志、扶智相结合"的精准扶贫精准脱贫的方法和手段。临湘市各部门为官田村100多户贫困户在思想上"扶志"、能力上"扶智"，充分激发贫困群众脱贫致富的"原动力"，进而真正引领他们脱贫致富奔小康。

帮贫困户找到劳动致富的好途径、掌握致富的技能是从根本上实现贫困地区农户脱贫的办法，这不仅可以从精神思想上根除一些贫困群众"等、靠、要"的不良观念，而且是可以调动贫困群众的积极性、主动性、创造性从而根本解决贫困问题的长久之计。没有贫困群众的内在动力，仅靠外部帮扶，帮扶再多，若贫困群众自己不愿意行动，扶贫脱贫就会将他们培养成"靠着墙根晒太阳；等着别人送小康"的懒汉。因此，建立农业技能培训机构，请农业技能专家手把手教贫困群众学会技术，让有一技之长的贫困群众成为能自食其力、劳动致富的名副其实的劳动者，是"扶真贫，真扶贫"的精髓。

在培训贫困群众农业技能的问题上，官田村的扶贫工作成效卓著。官田村扶贫工作组筹资90万元建立了官田村技能培训基地，请农业技能专家手把手培训农户香菇栽培、家畜家禽养殖等技术。配合种植业等金融资金、销售配套等相应扶持措施，让掌握了农业技能的贫困群众学有所用、用有所益，形成以技能带动增收，以收益提高生产积极性、主动性和创造性的扶贫脱贫方式，体现了扶贫脱贫的精准之处。对贫困群众进行农业技能培训不仅能培育贫困群众发展生产和务工经商的基本技能，还能激发贫困地区和贫困群众脱贫致富的内在动力，是提高贫困地区和贫困群众自我发展能力的一种有效办法。习近平总书记在全国扶贫工作会议中指出，"一个健康向上的民族，就应该鼓励劳动、鼓励就业、鼓励靠自己的努力养活家庭、服务社会、贡献国家。要改进工作方式方法，改变简单给钱、给物、给牛羊的做法，多采用生产奖补、劳务补助、以工代赈等机制，不大包大揽，不包办代替，教育和引导广大群众用自己的辛勤劳动实现脱贫致富"。[①]

"扶志、扶智"是从根本上扶持贫困群众摆脱贫困的途径，只靠外力送钱、送物资，"送得了一时，送不了一世"。只有让贫困群众自己动手送"瘟神"，扶贫脱贫才能见成效。外力永远只能起到影响的作用，脱贫主要还得靠贫困群众内在动力的发挥，让他们掌握一两门技术，在国家和地方政府各种扶贫帮助下利用现有条件，勤奋多劳，才能有希望获得更多的收益。有技术有勤劳就会有收入，有国家政府扶持政策兜底就有脱贫的保障，只有这样，贫困群众才能稳步脱贫，才能彻底脱贫。官田村通过推动"大走访"活动，充分调动广大贫困户的工作积极性，激发贫困群众脱贫致富的强烈愿望，官田村政策知晓率、群众满意度较高。

---

① 习近平：《在深度贫困地区脱贫攻坚座谈会上的讲话》，人民出版社，2017，第16~17页。

第五节　寻求多种方式扩大脱贫成果

　　深度脱贫是精准扶贫精准脱贫攻坚战中最艰难的一步，针对有特殊困难的地区和农户，政府帮扶有时候能解决一时的贫困，却解决不了根深蒂固的致贫顽疾。在解决深度脱贫中有特殊困难的群众脱贫问题上，岳阳市临湘市官田村的精准扶贫精准脱贫工作的经验有值得推广之处。市县各级党委与政府在帮扶脱贫工作中不漏掉任何一位贫困群众，工作组寻求多种方式加大贫困地区的就业、迁移、扶持、救助力度，实行多渠道政策性兜底，不放弃对任何一位特困户的扶贫脱困工作。

　　帮扶脱贫这些年来，官田村还有一些特殊贫困群众，主要是残疾人、孤寡老人、长期患病者等"无业可扶、无力脱贫"的贫困人口以及部分教育文化水平低、缺乏技能的贫困群众。市县驻村扶贫工作组与村支两委认真研究贫困户的生活保障问题，将10户纳入低保对象、6户列入五保对象，帮助3户进行了危房改造。对因病致贫群众加大医疗救助、临时救助、慈善救助等帮扶力度，对无法依靠产业扶持和就业帮助脱贫的家庭实行政策性保障兜底，确保所有贫困户"两不愁、三保障"。在脱贫目标上，实现不愁吃、不愁穿"两不愁"相对容易，实现保障义务教育、基本医疗、住房安全"三保障"难度较大。市县各级政府仔细梳理官田村特困户情况，不漏掉一户信息，针对特困户情况，加快农村医疗保险的落实，利用国家对农村医疗保险投入的利好政策，加上社会救助等资源，解决特困家庭求医入药的问题，基本上保障这几户特困家庭有病能就医、能吃上药。对于特困家庭子女入学教育的帮扶，官田村扶贫工作组采取由市县扶贫工作组织领导一对一定点入户帮扶的办法。例如，2016 年端午节前，特困户沈小喻两个在临湘聂市中学读书的儿子，因家庭困难被迫弃学。当天晚上，岳阳市委常委、政法委书记向伟雄立即告知镇里、村组，不管有什么困难，必须要让孩子上学。当晚就解决了特困户家庭孩子因贫辍学的问题。2017 年，国税局在"五四"青年节期间组织全局青年税干下乡看望官田村留守儿童，为官田村 17 个留守儿童送上礼品，开展互动活动，受到当地群众好评。7 月 1 日上午，国税局与官田村党总支联合开展迎"七一"主题党日活动。驻村第一书记带领全体党员重温了入党誓词，村总支书记谈美良总结通报了上半年党总支抓党建促脱贫攻坚等工作，向大家介绍了村室建设发生的可喜变化和支部取得的成绩。讲党课、讲税务政策，把活动推向高潮，国税局机关党委委员张亚武同志作了"不忘初心，牢记使命，永远跟党走"的党课讲座。政策法规科科长张典超，根据"双百"活动的要求，送政策下乡，有针对性地对农村发展产业、扶贫工作相关优惠政策作了详细讲解，并做了展板，让大家对税务政策一目了然。同时，各扶贫单位动员干部职工加入"社会扶贫"平台献爱心、捐款捐物，及时解决结对帮扶对象的资金和衣物问题。2018 年，各扶贫单位积极组织参加"2018 首届岳阳驻村扶贫成果展示会暨电商扶贫网购节"活动，将贫困户生产的官田花菇、干辣椒、剁辣椒等产品送展。

健康扶贫工作方面，2008 年 8 月，聂市镇卫生院组织医疗队来官田村，对贫困户的老年人进行了健康体检和疾病诊断，爱尔医院来官田村对贫困户进行了专项体检，对白内障病人免费治疗。安全饮水工程方面，优先解决贫困户饮水问题。

同时，通过抓党建来促扶贫。官田村总支充分发挥支部的战斗保垒作用，党员结对帮扶，确保扶贫工作全覆盖，在人居环境整治活动中，实行党员包片、包户，要求党员从自己做起、带头做起，影响身边的群众，激发群众自觉参加到人居环境整治活动中来；总支认真落实"三会一课"，有效地将其与中心工作的开展有机结合起来，相互渗透、相互促进。2019 年上半年，官田村召开党员、组长、群众代表参加的大会，制订了"官田村村规民约"。认真开展"打黑除恶"活动。成立了官田防汛指挥所，按照防汛指挥部的工作要求，及时储备了防汛物资，防汛人员对全村四口小二型水库全面进行了排查，将水位确保在安全水位范围，坚守值班制度，确保安全渡汛。

特困户的脱贫问题是官田村在精准扶贫精准脱贫攻坚战中最难攻的一个顽固堡垒。简单的资助、送钱只能解决一时之需，解决特困户永久性脱贫问题是扶贫脱贫工作中最难啃的硬骨头。官田村在市县各级扶贫工作组的组织领导下，在国家政策的指引下，继续加大社会保障力度，利用政府扶持、福利救助的方式让特殊贫困户脱贫正是眼下努力实现的目标之一。

第六节　加强对精准扶贫精准脱贫工作的检查督查

精准扶贫精准脱贫不是一时兴起的一种风潮，更不是只争朝夕的成果，因此必须坚决杜绝形式主义、弄虚作假的数字脱贫和虚拟成果，真正实现脱真贫、真脱贫。要做到这一点，需要市县各级政府落实国家精准扶贫精准脱贫政策，组织领导贫困群众发展农业经济、创新经营模式、拓宽收入来源、提高增收效率、解决特困难题；需要加大对扶贫脱贫工作的监督力度，防止扶贫腐败、虚假脱贫、形式扶贫脱贫、数字文字扶贫脱贫。因此，加强对扶贫脱贫工作的监督检查是保证精准扶贫精准脱贫真正落实到位、真正取得实效的有力保障。"要实施最严格的考核评估，坚持年度脱贫攻坚报告和督查制度，加强督查问责，对不严不实、弄虚作假的严肃问责。要加强扶贫资金使用管理，对挪用乃至贪污扶贫款项的行为必须坚决纠正、严肃处理。扶贫工作必须务实，脱贫过程必须扎实，脱贫结果必须真实，让脱贫成效真正获得群众认可、经得起实践和历史检验"。[1]岳阳市临湘市扶贫脱贫工作中的检查监督、巡察测评措施为官田村扶贫脱贫取得巨大成果提供了保障。

为保证临湘市官田村帮扶脱贫工作顺利落到实地、取得成效，临湘市成立了两个巡察组，经市委授权后，采取

---

[1]　习近平：《在深度贫困地区脱贫攻坚座谈会上的讲话》，人民出版社，2017，第19页。

"一托二"的方式，重点对有扶贫村的 12 个镇（街道）以及配有扶贫资金的市民政局、市住建局、市发改局、市保建投、市扶贫办等市直相关单位开展扶贫领域专项巡察。为提升专项巡察效果，临湘市创新了巡察方式，组织对被巡察单位领导班子、扶贫办负责人等进行民主测评，实施"加权赋分"工作方法，对被巡察单位民主测评情况进行梳理汇总，为巡察后续工作决策提供重要依据。同时突出"三个重点"，注重巡察针对性，避免把专项巡察混同于常规检查。即在巡察方法上，重点清查、审计贫困人口档案、扶贫工作会议记录、扶贫项目资金使用、账目管理、扶贫工程进度等资料；在巡察对象上，重点围绕单位一把手、扶贫办主任、村干部、扶贫项目工程负责人、财务负责人等摸底排查；在巡察内容上，重点巡察被巡察单位落实扶贫政策、扶贫项目及资金落地等廉政风险点。监督与巡察体现了各级政府在思想上继续高度重视精准扶贫精准脱贫问题，切实把扶贫领域专项巡察情况反馈、调查整改等工作做实做细。同时加大对群众身边不正之风的整治力度，加大对巡察问题线索的使用力度，加大对巡察中发现的典型人物及事迹的正面宣传力度，巡察过程中一旦发现问题立即移交相关部门调查处理，推动临湘市扶贫攻坚工作取得实实在在的成效。

监督检查、巡察评测的目的就是加强对精准扶贫精准脱贫工作落实状况的监管，保证扶贫资金、扶贫政策精准到位，保证扶贫成果的真实有效，不虚假扶贫，不搞形式主义，更不搞"一阵风"式运动。将贫困群众的问题真正解决到实处，使已经脱贫的地区和群众不会返贫。同时，监督检查、巡察测评让政策透明、扶贫脱贫工作透明，给群众监督、民主以更大空间和更多机会，拉近了干群关系，保证了扶贫脱贫干部队伍的素质与水平，让贫困群众放心、安心、欢心，更让扶贫脱贫的干部群众有信心攻克深度脱贫的最后难关。

从习近平总书记考察湘西贫困地区时提出"精准扶贫"至今已有数年，全国精准扶贫精准脱贫取得重大成果，扶贫脱贫工作进入最后深度脱贫的攻坚阶段。党的十九大制定了到2020年"在我国现行标准下农村贫困人口实现脱贫，贫困县全部摘帽，解决区域性整体贫困"的深度脱贫攻坚目标，国家各扶贫脱贫部门更做好准备给地方各级政府完成最后深度脱贫攻坚任务以全力支持。党秉持着"全心全意为人民服务"、"以人民为中心"的宗旨，坚定执行精准扶贫精准脱贫政策，这是扶贫脱贫工作取得巨大成果的根本保证，科学有效的扶贫脱贫计划与组织领导是最后完成深度脱贫攻坚任务的关键。因地制宜地帮扶发展地方特色农业经济与多种经营模式、培训农户现代农业技术等扶贫措施是扶贫脱贫取得显著成效的重要途径。

官田村在这几年精准扶贫精准脱贫的过程中，一方面依靠党和各级政府对帮扶脱贫的领导与扶持以及自身努力脱贫的奋斗取得脱贫的巨大成果，另一方面在市县各级扶贫领导力量的指引下规划了今后全村脱贫致富奔小康的道路：官田村食用菌产业作为主导产业，成为全村产业发展的支撑；大力开展沟渠疏浚、山塘清淤、道路硬化、农电改造等基础设施建设，加强村级党组织活动中心、文化活动中心和便民服务点建设，提高群众生产生活水平；加强生态文明建设，绿化美化亮化乡村环境；开发宜居宜业宜游的休闲农业和农村旅游，创造地方农业新型经济"百果园"、"自助菜园"等品牌。相信在党群一心、努力实干的精准扶贫精准脱贫道路上，官田村的贫困群众必定能过上共同富裕的好日子。

第六章

官田村精准扶贫精准脱贫取得的
成绩与原因分析

第一节　官田村精准扶贫精准脱贫取得的成绩

官田村由原远景村、引水村、官田村三村合并，36 个村民小组，760 户 3100 人，村域总面积 18.3 平方公里。2014 年建档立卡贫困户 132 户 380 人，贫困人口达 21%，被确定为省级贫困村。2015~2017 年，在各级党委政府的重视支持下，特别是在岳阳市委政法委、司法局、移动公司等联点单位的大力帮扶下，官田村按照精准扶贫、精准脱贫的总要求，科学制订扶贫脱贫规划，瞄准贫困户，因户施策，优化资源，靶向整治，共投入扶贫资金约 800 万元，创建了香菇示范基地；进行国土平整，硬化了赵畈、老屋、注冲、八屋等组的主干公路；加固了谢坡、检失、廖家等组的病险山塘水库，完成了引水渠铺设工程；全村新建了 160 多个垃圾池；新建了官田村党群服务中心和技能培训基地；修建了群众文化活动中心和亮点屋场；覆盖村级宽带网络；建设安全饮水项目，进行光伏发电分红、水稻种植培育等。系列精准扶贫精准脱贫措施取得了较好效果，官田村被评为湖南省百名"脱贫攻坚示范村"之一、岳阳市扶贫工作先进单位。2017 年 7 月，已完成脱贫102 户 337 人，尚未脱贫 17 户 47 人，稳定脱贫 14 户 42 人。截至 2019 年 7 月，官田村尚未脱贫 7 户 15 人，通过精细化管理与识别，其中 1 户为 C 类户，其余 6 户为低保兜底户，属于 D 类，此 7 户家庭情况特殊，大部分家庭有残疾或无劳动能力成员。

第二节　官田村精准扶贫精准脱贫取得成绩的原因

2017 年是全国精准扶贫精准脱贫进入最后攻坚战的时候，习近平总书记在十九大报告中指出，"坚决打赢脱贫攻坚战。让贫困人口和贫困地区同全国一道进入全面小康社会是我们党的庄严承诺。要动员全党全国全社会力量，坚持精准扶贫、精准脱贫，坚持中央统筹省负总责市县抓落实的工作机制，强化党政一把手负总责的责任制，坚持大扶贫格局，注重扶贫同扶志、扶智相结合，深入实施东西部扶贫协作，重点攻克深度贫困地区脱贫任务，确保到 2020 年我国现行标准下农村贫困人口实现脱贫，贫困县全部摘帽，解决区域性整体贫困，做到脱真贫、真脱贫"。[①]

地方政府在党的精准扶贫精准脱贫政策领导下，因地制宜针对官田村自身资源特点设计扶持脱贫致富项目，当地政府各部门给予财力、物力、人力的投入，帮助贫困户掌握脱贫技能，有针对性地指出其脱贫途径，增加其收入渠道。在已经取得的扶贫脱贫成果的基础上，官田村的精准扶贫精准脱贫进入最后的攻坚收官阶段。这几年扶贫脱贫取得的成绩是显著的，要总结其经验，分析原因，为最后的彻底脱贫继续奋斗。官田村的贫困难题在天时地利人和的齐心协力奋斗中被一点点解决，官田村人民的脚步在彻底脱贫的道路上越走越快。

一 习近平总书记对于精准扶贫的正确指导

习近平总书记指出：全面建成小康社会，标志性的指标是农村贫困人口全部脱贫、贫困县全部摘帽。打好脱贫攻坚战，关键是打好深度贫困地区脱贫攻坚战……今年（2018 年）是脱贫攻坚作风建设年。要认真开展扶贫领域腐败和作风问题专项治理，加强扶贫资金管理，对挪用、贪污扶贫款项的行为严惩不贷。群众对一些地方脱贫攻坚

[①] 习近平：《决胜全面建成小康社会 夺取新时代中国特色社会主义伟大胜利——在中国共产党第十九次全国代表大会上的报告》，人民出版社，2017，第 47~48 页。

工作中的形式主义、官僚主义、弄虚作假现象非常反感，要认真加以解决。[1]

党的精准扶贫精准脱贫政策，特别是习近平总书记关于精准扶贫的重要论述是官田村扶贫脱贫工作的指导思想，是官田村取得扶贫脱贫重大成果的根本原因。扶贫的最终目的是让"所有人共同享受大家创造出来的福利"，[2] 党自十八大以来就明确规定了脱贫攻坚的目标，这一目标在十九大报告中得到进一步强调。党中央明确规定：到 2020 年，稳定实现农村贫困人口不愁吃、不愁穿，义务教育、基本医疗和住房安全有保障；实现贫困地区农民人均可支配收入增长幅度高于全国平均水平，基本公共服务主要领域指标接近全国平均水平；确保我国现行标准下农村贫困人口实现脱贫，贫困县全部摘帽，解决区域性整体贫困问题。深度贫困地区也要实现这个目标，最起码也要使这些地区的群众实现"两不愁（不愁吃、不愁穿）、三保障（就学有保障、就医有保障、住房有保障）"，使这些地区基本公共服务主要领域的指标接近全国平均水平。[3]

党的十八大以来，各级党委和政府在全面加快脱贫攻坚进程上出台了针对西南等深度贫困地区的支持政策。对居住在生存条件恶劣、生态环境脆弱、自然灾害频发等"一方水土养活不了一方人"地区的贫困群众，大力度实

---

[1] 《精准脱贫 攻坚深度贫困（在习近平新时代中国特色社会主义思想指引下·代表委员畅谈抓落实）》，《人民日报》2018 年 3 月 20 日。
[2] 《马克思恩格斯文集》第一卷，人民出版社，2009，第 689 页。
[3] 习近平：《习近平谈治国理政》第二卷，外文出版社，2017，第 87~88 页。

施易地搬迁工程。探索资产收益扶贫方式，对财政专项扶贫资金和其他涉农资金投入设施农业、养殖、光伏、水电、乡村旅游等项目形成的资产，具备条件时折股量化给贫困村和贫困户。在具备光热条件的地方实施光伏扶贫，建设村级光伏电站，通过收益形成村集体经济，开展公益岗位扶贫、小型公益事业扶贫、奖励补助扶贫。2017年6月，习近平总书记在深度贫困地区脱贫攻坚座谈会上的讲话中指出，"党的十八大以来，党中央把贫困人口脱贫作为全面建成小康社会的底线任务和标志性指标，在全国范围全面打响了脱贫攻坚战。脱贫攻坚力度之大、规模之广、影响之深，前所未有。现在，各方面都行动起来了。党中央确定的中央统筹、省负总责、市县抓落实的管理体制得到贯彻，四梁八柱性质的顶层设计基本形成，五级书记抓扶贫、全党动员促攻坚的氛围已经形成，各项决策部署得到较好落实。脱贫攻坚成绩显著，每年农村贫困人口减少都超过1000万人，累计脱贫5500多万人；贫困发生率从2012年底的10.2%下降到2016年底的4.5%，下降5.7个百分点；贫困地区农村居民收入增幅高于全国平均水平，贫困群众生活水平明显提高，贫困地区面貌明显改善"。①

党是人民的主心骨，党的政策是一切实践工作的指导方针。党的精准扶贫精准脱贫的政策为岳阳市临湘市官田村的脱贫攻坚坚定了信心，坚持了扶贫脱贫的正确方向，

---

① 习近平：《在深度贫困地区脱贫攻坚座谈会上的讲话》，人民出版社，2017，第4~5页。

明确了帮扶脱贫的工作方法，是这几年来官田村扶贫脱贫取得巨大成果的最重要原因。

二 "以人民为中心"是精准扶贫精准脱贫取得巨大成果的动力因素

党是人民的党，为人民服务、"以人民为中心"是党的根本宗旨。习近平总书记在十九大中再次强调，"坚持以人民为中心。人民是历史的创造者，是决定党和国家前途命运的根本力量。必须坚持人民主体地位，坚持立党为公、执政为民，践行全心全意为人民服务的根本宗旨，把党的群众路线贯彻到治国理政全部活动之中，把人民对美好生活的向往作为奋斗目标，依靠人民创造历史伟业"。[1] "以人民为中心"就是要以最广大的人民群众为中心，"把人民对美好生活的向往作为奋斗目标"就是要实现全体人民群众对美好生活的向往。党的实质是党制定政策、方针的准绳，"以人民为中心"的党必然心系所有人民，关心贫困群众，制定精准扶贫精准脱贫的政策，扶持贫困地区贫困群众摆脱贫困，走上富裕小康的道路。

改革开放以来，国家建设取得了巨大成就，人民生活水平日益提高。但是，在取得经济建设、社会主义建设伟大成就的同时，在我国自然条件、历史原因等特殊情况下

---

[1] 习近平：《决胜全面建成小康社会 夺取新时代中国特色社会主义伟大胜利——在中国共产党第十九次全国代表大会上的报告》，人民出版社，2017，第21页。

还存在着相当数量的贫困人口。如果说我国人民正走在追求美好生活的道路上的话，那么其中有一小部分群众还没有解决基本贫困问题。因此，真正实现全体人民对富裕小康的追求，帮扶贫困地区贫困群众彻底走出贫困是新时代中国特色社会主义建设的必然、必要之举。让这些贫困群众尽快脱贫是"以人民为中心"、"全心全意为人民服务"的最典型体现，是实现"把人民对美好生活的向往作为奋斗目标"的最具体行动。

党的实质与根本宗旨是精准扶贫精准脱贫的最直接动力，助力深度脱贫并实现 2020 年全面脱贫这一目标。如果离开这个动力和目标，那么扶贫脱贫就必然成为无的之矢、空谈浮夸，就不可能取得什么成果。

三 湖南省的精准扶贫精准脱贫举措

湖南省推出了一系列政策，进一步完善健全了扶贫政策体系，打出了政策"组合拳"。具体表现如下。

（一）政策举措

2015 年 7 月 20 日，中共湖南省第十届委员会第十三次全体（扩大）会议审议通过了《中共湖南省委关于实施精准扶贫加快推进扶贫开发工作的决议（草案）》，目标任务：到 2020 年，实现全省 596 万贫困人口整体脱贫，51 个扶贫工作重点县全部摘帽，贫困村基础设施、基本公共服务主要领域指标接近全省平均水平；到 2017 年，51

个扶贫工作重点县农民人均可支配收入超过 8000 元，到 2020 年突破 10000 元。

（二）保障措施

通过"一进二访"（进村入户、访困问需、访贫问计）活动，做到"户有卡、村有册、乡（镇）有档、省市县乡村信息平台共建共享"。精准到项目，加快实施水、电、路、气、房、环境治理"六到农家"，扎实抓好就医、就学、养老、低保、五保、村级集体经济发展"六个落实"。精准到资金，2016 年省级层面新增 20 亿元用于脱贫攻坚。实施《湖南省农村扶贫开发条例》，实施扶贫考核办法，实现驻村帮扶，省级层面派出 184 支扶贫工作队全面覆盖 8000 个贫困村。

"1+10+17"。"1（行动指南）+10（保障措施）+17（具体实施方案）"政策"组合拳"共同构成了湖南大扶贫格局。行动指南层面，湖南省出台了《中共湖南省委关于实施精准扶贫加快推进扶贫开发工作的决议》。行业配套政策方面，湖南省省直部门正在抓紧推进 17 项精准扶贫的政策措施出台，包括安全饮水、农村道路、农网改造、信息网络、文化建设、易地搬迁、危房改造、教育扶贫、医疗保障、产业扶贫、电商扶贫、旅游扶贫、万企帮万村、科技扶贫、金融扶贫、兜底保障、生态保护共 17 项，项项措施真金白银、分量十足。

（三）责任体系

切实强化扶贫开发工作领导责任制，坚决落实"中央统筹、省负总责、市县抓落实"的管理体制和"片为重点、工作到村、扶贫到户"的工作机制。贫困地区党政一把手是扶贫开发的第一责任人，厅局长是部门扶贫的第一责任人。各级党员干部特别是一把手要切实把扶贫开发工作放在心上、抓在手上、扛在肩上，深入贫困乡村进行调查研究，亲自部署和协调任务落实。

2014年1月16日召开的湖南省扶贫开发工作会议部署正式启动对767万农村贫困人口的识别和建档立卡工作。这意味着，以前"一把尺子量到底"的"大水漫灌"式扶贫，变成"精准滴灌"式扶贫：依据贫困对象档案所载具体信息，分类指导，采取有针对性的持续帮扶措施。

精准扶贫"五个一批"。在"发展生产脱贫一批"方面，从2015年起，湖南省里计划每年投入5亿元推进重点产业项目建设，帮助20万贫困对象实现增收脱贫；在"易地搬迁脱贫一批"方面，"十三五"期间全省计划投入480亿元，完成约80万贫困对象的搬迁任务，2016年要完成20万人的搬迁任务；在"发展教育脱贫一批"方面，配合教育部门，推动国家教育资源向贫困地区倾斜、向贫困人口聚集，确保贫困家庭孩子不因贫困而失学、辍学；在"社会保障兜底一批"方面，2016年，省里会适当提高低保标准，逐步实现扶贫与低保"两线合一"；在"生态补偿脱贫一批"方面，确保退耕还林、天然林保护、防护林建设、湿地保护与恢复、坡耕地综合整治、水生态治理等重大生态工程项目资金进一步向贫困地区倾斜。

四　由岳阳市委政法委牵头的帮扶工作组卓有成效的工作

为了帮助该村贫困群众尽快实现脱贫致富，由岳阳市委政法委牵头的帮扶工作组进村入户开展调查，走访贫困户，宣传脱贫相关政策，引导贫困群众转变观念，增强脱贫致富的信心。根据走访了解的情况，各单位利用自身优势，协同村委研究帮扶措施，制定脱贫规划，推动帮扶项目落地。

2015~2017 年，帮扶工作组先后通过"党支部＋合作社＋基地＋农户"的产业化发展模式，投入 26 万元扶持产业发展，免费为 17 户贫困户提供香菇种植所需的生产工具和技术指导。相关部门还面向村里的建档立卡贫困户，精准实施光伏发电扶贫项目，通过多元化的致富门路，拓宽了贫困户的增收渠道，增强了农户的造血功能。官田村整合资源、综合施策、精准发力，使贫困群众自身发展能力得到提高，收入明显增加，生产生活条件进一步改善，逐步实现稳定脱贫致富。聂市镇官田村党支部书记谈美良说："近年来，在岳阳市委政法委等相关部门和单位帮扶下，我村光伏发电、香菇种植、楠竹加工、养殖等产业得到发展，基础设施不断改善，生产增收渠道得到拓宽。"

五　村干部作为脱贫攻坚战斗排头兵无私奉献

脱贫攻坚战越往后，难度越大，对各级扶贫干部和脱贫一线基层干部的要求也越高。村干部处在农村工作第一线，是党在农村各项方针政策的宣传者、贯彻者和实践者，承担着维护地方社会稳定、经济发展、民族团结及带领群众增收致富等重要责任。因此，在脱贫攻坚的关键时期，村干部作为一村的代表、当家人，要带领村民脱贫致富、实现全面建成小康社会的宏伟目标，是精准扶贫、精准脱贫战斗中的排头兵。

两年前，官田村的道路、通信等基础设施落后，信息闭塞，生产生活条件艰苦，群众"等、靠"思想严重，发展后劲不足，2014年被戴上了"贫困帽"。该村支书深感责任重大，用心用情，吃苦耐劳，不等不靠，担当作为，把脱贫摘帽作为村里头等大事来落实。近几年来，硬化了村组主干公路；创建了香菇示范基地；新建了100kW规模的光伏电站；新建了党群服务中心；修建了群众文化活动中心和亮点屋场；目前已脱贫47户170人；该村被评为全省百名"脱贫攻坚示范村"之一、岳阳市扶贫工作先进单位；岳阳市委书记胡忠雄到该村调研指导精准扶贫工作，对此给予充分肯定；《湖南日报》、新华网、新浪网、湖南政法综治等媒体对该村扶贫工作进行了报道和经验推介；部分县市区领导及扶贫工作队先后来村交流经验。官田村在精准扶贫、精准脱贫过程中能够取得显著的成绩，离不开当地一批求真务实、勇于奉献的村干部，被评为"岳阳市精准扶贫优秀党支部书记"的官田村党总支书谈美良同志就是其中一位。

（一）找准穷根，做带领脱贫的开导人

他用心开导群众脱贫。在上级领导和市扶贫工作组的指导下，通过群众讨论，谈美良和其他村干部找到了官田村的两大"穷根"：一是思想观念"穷"，少数党员、群众存在"等、靠"的依赖思想，主观上"不想脱贫，靠贫吃饭"；二是自身条件"穷"，该村山多田少，人口居住分散，基础设施薄弱。找到贫穷的根源后，他迅速组织村支"两委"统一思想，以精准扶贫为契机，切实做大香菇产业、做强光伏发电、做活金融扶贫，在岳阳市率先实现整体脱贫。他组织党员、组长、贫困户到邻近和外地参观新农村建设，到湖北随州考察香菇种植基地，学习先进模范的致富经验和创业历程，组织贫困户参加技能培训800余人次，实现了"1户掌握2门实用技术、1户发展2项脱贫产业"的目标，使贫困户开阔了视野、增强了脱贫致富的信心和决心，激活了内在动力。

（二）督促落实，做精准扶贫的引路人

他脑海里时刻想着扶贫工作。在理清思路、想办法上，他思维敏捷，大胆创新；在工作落实上，他尽职尽责，强化督查；他上跑项目，下到组、户，总是一马当先，督促实施，为全村精准扶贫工作提出了新思路，保证脱贫攻坚取得成效。他带领村干部进组入户走访，掌握贫困户的致贫原因和家庭情况。执行"户申请、村评议、镇核查、市审批"的识别程序，一把尺子量到底，摸清底

子、分类统计、一户一策，建档立卡、动态管理。2014 年建档立卡以来，按照市里要求，重点关注识贫不准和脱贫质量不高问题，坚持实事求是、应进尽进、应退尽退，通过"三比"（比条件、比收入、比潜能）、"三看"（看房子、看孩子、看车子），把住"三关"（村民自荐关、村委审议关、村民评议关），把评判权交给群众。

他把脱贫攻坚摆在第一位置，针对前期走访、座谈、了解的情况，对脱贫攻坚中的困难和问题定期研究，使脱贫攻坚的路径更清晰、措施更具体。按照"4321"帮扶机制，落实每户贫困户对应帮扶责任人的责任。以身作则，带头认真摸清帮扶贫困户基本情况，逐户制定帮扶措施和扶贫目标，切实做到贫困底数清楚、扶贫规划科学、攻坚措施精准。

针对 25 户预脱贫户增收困难的实际情况，他主持召开会议，讨论制订扶贫计划，重点围绕"扶谁、谁扶、怎么扶、扶得怎么样"，积极实施产业扶贫举措。开展香菇种植、生猪饲养等实用技术培训；他打听到该村有位李老板在香港开了一家华奥菌业有限公司后，直接找到同是官田村人的公司董事长李老板，说明村里的想法和规划。李董事长被谈美良一心想带领群众脱贫致富的迫切心情所打动，与该村大力合作，采用"公司＋农户＋基地"的模式，在谢坡组创建了香菇种植示范基地，发展了一批香菇种植大户。李董事长投入 26 万元鼓励扶持贫困户发展香菇产业脱贫，其中基地建设投入 12 万元，为 25 户贫困户户均购买 1000 根菌棒和一个租赁大棚投入 14 万元，该村贫困户非常感慨："真是没想到，3亩5分田能给我带来30000多元的纯收入，多亏了谈书记啊！"2016年，有近20户贫困户参与种植香菇，每户平均纯收入达10714元。村里还有养羊户1户、养猪户13户、养鸭大户2户。该村另一贫困户，2014年开始尝试养山羊，由于缺乏养山羊的经验，他从山东引进的第一批山羊没几个月就全没了，20000多元的血汗钱转眼就打了水漂，谈美良了解到这个情况，就帮其联系养羊专家，并争取了对方来村里手把手培训。很快，该贫困户就掌握了养殖技能，打起精神重新购买了一批山羊。接下来的一年里，他的养羊纯收入达30000余元。谈美良主动为25户预脱贫户争取扶贫贷款85万元，新建了100kW规模的光伏电站，保证每户每年收益3000元以上。为解决贫困户无钱发展的问题，他引进了临湘市首家金融扶贫服务站在官田村挂牌，贫困户在家门口可申请小额贷款。通过一系列产业"造血"，全村贫困户实现就地脱贫。

谈美良积极争取岳阳市政法委、司法局、移动公司和临湘市委、市政府对该村扶贫的大力支持，主动利用优惠政策，加快脱贫步伐。三年来共投入约800万元改善基础设施，有效解决了群众出行难、用水难的问题，村容村貌得到明显改观。

（三）深入了解，做帮扶贫困的贴心人

他心里时刻装着贫困群众，全面分析本村的发展形势，按照"产业脱贫、产业富农、产业强村"的思路，大力发展香菇、蔬菜、养猪、养鸡、养鸭、竹加工等产业。为了准确把握贫困户的真实状况、有针对性地做好精准扶贫，他经常深入组、户了解，踏遍了全村的田间地头、山山沟沟，走遍了全村50多个村民小组、600多户人家，他带头帮扶特困户3户，帮助他们解决实际困难。谈美良不仅积极争取资金，并用自己的实际行动帮扶困难群众，看到该村特困户无力搞好家园建设，他把贫困户家的事当成了自家的事，在市里、集镇、村里来回跑，到处打听建材价格，尽量节省开支。谈美良自己还拿出3000元，帮他们买来水泥、砂石、砖瓦等，并组织村民为其出工出劳，最后，终于以最划算的价钱把建房的材料用车帮他们拖了回来。年底，一座两层的崭新楼房落成，一家人围着谈美良，拉着他的手，饱含热泪，有说不完的感激。该村官田组因残致贫的沈小瑜，妻子不堪重负离家出走，留下两个在校读书的小孩，生活苦不堪言，谈美良会同驻村扶贫工作队助他脱贫，利用易地搬迁政策，从动员、选址、规划到施工全程负责，村里还无偿为其提供黑山羊种羊8只。

（四）统筹安排，做脱贫攻坚的责任人

他切实担起脱贫攻坚的责任。统筹安排，认真实施，采取"一对一"结对帮扶方式，即35名岳阳市扶贫工作组干部、9名镇办点干部及3名村干部各联系帮扶1户贫困户。根据不同贫困户的致贫原因、接受新生事物快慢、致富愿望强弱、有无劳动力等实际情况，选定适合的具体脱贫项目。积极组织2户贫困户参加临湘市劳动力转移就

业培训，并使其成功就业；鼓励创业成功人士谢拥军成立"拥军"扶贫助学基金会，共资助了40名学生3万余元；通过精准帮扶，优先解决彭水平、刘北海等5户的危房改造问题，使雷治国、沈小瑜2户小孩免费就学。此外，部分贫困户被纳入低保、五保、临时救助及农合范畴，彭王佑、沈炎生等4户被纳入低保提标兜底，所有贫困户实现"两不愁、三保障"。

谈美良深刻认识到，一个好的村支书，能带出一支好的队伍，干出一番事业，惠及一方群众。因此，他采取"三抓"方式，用党建引领扶贫，以扶贫促进党建，实现党建和脱贫"双推进"。一抓阵地建设，夯实基层基础。新改建村级"五室"，即办公室、综治调解室、计生服务室、图书阅览室、党员活动室；"两栏"，即政策宣传栏和党务村务财务公开栏；"两站点"，即远程教育站点和便民服务点。各功能室统一设计，统一规范，布局整齐，一室多用。二抓责任落实，实现提速提质。实行村支"两委"干部分片包组，指导落实"三会一课"、"双述双评"、组织生活、"四议两公开"、"一会四评"等制度。三抓队伍建设，发挥支部作用。完善党支部书记抓党建制度，选派党员干部联系帮扶，选配政治素养高、工作能力强、热爱农村工作的优秀中青年党员进入村支"两委"，配齐配强班子，发挥支部引领作用，切实增强凝聚力和战斗力，形成"党支部＋合作社＋基地＋农户"的党建助推精准扶贫发展模式，成立党小组26个，创新致富带头人联系贫困户机制。同时，广泛开展文明创建活动，2016年创"十星级"文明户 10 户、"六星级"以上文明户 20 户、"五好家庭"36 户、党员模范户 22 户、卫生示范户 78 户、种养殖示范户 20 户。深入开展"评先争优"活动，把村党员中涌现出的好人好事及履职成绩好的党员评选出来，形成你追我赶的良好氛围，并在村里显眼的地方设立党员光荣榜，激发党员、群众不断进取。如今，村部红墙绿树、国旗飘扬，成为村里的标志性建筑。村级党群服务中心发挥积极作用，广大党员群众常来读书看报、娱乐，参与培训等活动，到处呈现一派文明和谐、安居乐业的新景象。

第七章

官田村精准扶贫精准脱贫中存在的问题

中国是一个有着约 14 亿人口的发展中大国，贫困人口数量位居世界第一。我党历来关注扶贫工作，习近平总书记在十九大报告中回顾过去 5 年以来的工作时说，脱贫攻坚战取得决定性进展，超过 6000 万贫困人口稳定脱贫，贫困发生率从 10.2% 下降到 4% 以下。中国共产党创新提出的精准扶贫政策，以每年减贫 1300 万人以上的成就，书写了人类反贫困斗争史上"最伟大的故事"，赢得了国际社会的高度赞誉。尽管党的十九大对过去五年来扶贫工作所取得的巨大成绩进行了充分肯定，但同时也指出，当前我国脱贫攻坚形势依然严峻，脱贫攻坚既面临一些多年未解决的深层次矛盾和问题，也面临不少新情况新挑战，"所面对的都是贫中之贫、困中之困，采用常规思路和办

法、按部就班推进难以完成任务"。① 如果说"全面小康与中国梦相互激荡，凝聚为全社会的'最大公约数'"，那么，扶贫、脱贫则是实现全面小康的"最后一公里"。因此，精准扶贫必将成为未来扶贫工作的重中之重。

习近平总书记经常提起，他最关心的始终是困难群众，因此提出精准扶贫，目的就是通过对接贫困人口的需求，在幼有所育、学有所教、劳有所得、病有所医、老有所养、住有所居、弱有所扶上补齐短板，不断取得新进展，保证全体人民在共建共享发展中有更多获得感，不断促进人的全面发展、全体人民共同富裕。习近平总书记明确指出，坚持精准扶贫、精准脱贫，要重点解决好4个问题，即"扶持谁"、"谁来扶"、"怎么扶"和"如何退"，"关键的关键是要把扶贫对象摸清搞准，把家底盘清，这是前提"。精准扶贫贵在精准、重在精准，成败之关键在于精准与否。2015年6月习近平在贵州将精准扶贫的内涵概括为"扶持对象精准、项目安排精准、资金使用精准、措施到户精准、因村派人精准、脱贫成效精准"，② 提出要做到"对症下药、精准滴灌、靶向治疗"，不搞"走马观花、大而化之"。

在前期工作中，通过调研查访，我们对官田村在精准扶贫工作中的问题进行了总结分析。

---

① 中共中央文献研究室：《习近平关于全面建成小康社会论述摘编》，中央文献出版社，2016，第155页。

② 中共中央文献研究室：《十八大以来重要文献选编》（中），中央文献出版社，2016，第720页。

第一节　精准识别中存在的问题

根据当前扶贫工作的管理要求，通常是在省级部门规定的数量范围内由下级向上级申报贫困人口数量，贫困人口的总数并不是对各家各户逐一识别后得出的总数，而是来自统计测算和分解，这就导致对贫困户数量存在统计误差。而实际认定中通常以人口基数来确定贫困人口名额，在贫困户的名额被分到各个地区后，往往出现有的地方贫困户名额过多、有的地方贫困户名额不够的现象。其结果就是容易造成应该得到帮扶的没有得到帮扶，而不应该得到帮扶的却得到了帮扶，严重影响了扶贫的精准度和效果。官田村也存在这个问题，作为著名的贫困村，尽管其分得的实际名额已经不少了，但还是有一些贫困户不能得到帮扶，这实际上影响了精准扶贫的社会效应。

一　宣传引导需要进一步广泛深入

目前，精准扶贫与精准脱贫工作的宣传引导还不够广泛深入，在利用各类媒体采取不同形式宣传扶贫攻坚的先进经验和典型方面还需要加大力度，一些村组干部、贫困人员对扶贫政策知晓不多，对县里出台的《精准扶贫工程发展实施办法》等扶贫政策了解得不够透彻，运用扶贫政策不够充分，缺乏切实可行的脱贫致富规划及措施。

二 信息不对称与自愿申请成为精准扶贫精准脱贫的障碍

出于种种原因，目前的基本情况是，获得帮扶的前提是贫困户自己提出申请，而贫困户提出申请的前提是知道国家有这样一项惠民政策。但是现实的情况是，官田村作为省级重点贫困村，山多田少，人口居住分散，交通不便，教育落后，互联网尚未普及，网络少有人用，多数青年外出务工，其直接后果就是信息闭塞，居民获得相应信息的渠道十分有限，了解扶贫信息的途径较少，扶贫信息的上传下达也存在问题。村里大部分人对国家的精准扶贫政策缺乏最基本的了解，更不会认为这是与自己息息相关的政策，以致该村贫困户不能及时申请，从而错过了识别的工作环节，遗憾地失去了被帮扶的机会。

三 贫困户精准识别标准单一，并且工作难度较大

判断是否属于贫困户的主要依据是其家庭人均收入是否在国家或各省政府规定的贫困线以下。以收入水平刻画和识别贫困程度具有直观、可比性等优势，但要获取相关信息的工作难度很大，并且具有一定的局限性，存在一定的难选、漏选问题。当前，我国个人及家庭资产信息平台不完善、家庭微观统计体系不健全，使得有关部门难以准确获知贫困户家庭的收入情况。另外，收入只能反映发展和贫困的一个方面，并不能充分反映收入之外其他维度的贫困状况，如能力性贫困，或是因学、因病、因婚导致的

支出性贫困，以及缺技术、缺劳力、缺发展资金等因素导致的贫困。

因此，下级向上级汇总上报的信息可能存在不全面性，可能遗漏掉真正的贫困人口，而把非贫困人口纳入扶贫对象范围之内。尚未考虑到对贫困户实行动态管理，对建档立卡的贫困户的信息也未及时录入数据库并实时更新，因此存在着脱贫后再返贫的现象，且没有及时将返贫人口重新纳入帮扶体系之中。

四　有的贫困户认定评议机制不完善

精准扶贫中，对贫困户的认定有一个民主评议的过程。这本来是题中应有之义，但是由于制度建设滞后、规范性不够，在民主评议过程中存在较多的人为因素，民主评议过程中参与评议的有多少人？具体参加人员都有谁？评议人与申请人是否有亲属或利害关系？这些都无从如实获悉。农村地区存在非常重视血缘亲缘关系的现象，有的利用血缘或亲缘关系瞒天过海、占用名额，导致真正需要帮助的人享受不到应有的权益。规范性不够导致透明度不足，官田村的村民中对贫困户的认定持怀疑态度的不在少数，一些村民甚至直指这是暗箱操作。

五　贫困人口大数据平台有待进一步完善

贫困人口精准识别是精准扶贫的前提条件，但是相关扶贫部门对贫困户的认定存在片面性，未全面考虑以下因素造成的贫困问题：一是未以农村户籍数据、医保数据、居民收入等数据为基础，进一步完善建档立卡贫困户数据库。二是在建档立卡贫困户数据库中，没有设立扶贫项目子库，对扶贫项目工程进度、实施效果情况尚未及时更新，对项目实施效果的实时监测过于形式化。三是未实施对建档立卡数据库的贫困人口的关联动态监测，标识已脱贫人口存在延时性，没有定期剔除不符合贫困条件人口以及更新新增及返贫的贫困人口数据。

贫困人口识别工作耗费巨大的人力、财力和物力。贫困人口数据识别涉及千家万户，需要实地走访、手工录入，工作量极其巨大，但与之相对应的是扶贫工作人员数量少，即使有少量志愿者也难以解决实际工作量过大的问题。加之官田村村民流动性大，每个贫困户的条件不一样，干部对贫困的标准认识也不一致，导致贫困数据库不精准，也难以实现数据的及时更新。

六　政策叠加享受，群众有意见

对贫困村而言，农户普遍贫困，农户与农户之间差别不是很大，但现在低保金发放最高的每人每月 165 元，一家 4 口，每年就有约 8000 元收入，这在农村不是一个小数字，这大约相当于一个妇女在县城打工一年的收入（县城超市打工一月 900 元）。低保户除享受最低保障金之外，其孩子上大学还受到国家资助，到医院看病几乎免费，享有产业发展资金扶持等等，因此低保户身份反而成为农村的香饽饽，人人都在抢，导致群众意见很大。

第二节　帮扶过程中存在的问题

在官田村调研时发现扶贫过程存在一些问题，这样的问题（这实际上也是全国扶贫工作中具有普遍性的一个问题），即贫困户通过申请获得帮扶资格后，政府部门仅仅给他们发放一点生活用品，其生活没有得到实际性的改善，也没有持续性增收的措施，收入水平依然在贫困线以下，他们实际上没有获得多大帮助。但某些地方政府为了完成上级任务，也有搞"数字脱贫"、虚假脱贫的现象。反复做纸质版资料，却缺乏具体的帮扶措施，直接将贫困户从国务院扶贫开发系统里将其变成脱贫人口，让他们被脱贫。这样的案例尽管不多，但影响非常不好，使得群众对精准扶贫精准脱贫存有颇多非议。

贫困是一个存在很久，融恶劣的地质条件、人文条件及低受教育程度、较差交通环境以及部分人群"等、靠、要"惰性思维等多种要素于一体的综合现象。然而在有些地区，"精准扶贫"还是趋于形式主义，诸如领导常常会经过的地方，通村公路水泥硬化程度就是不一样，不同程度的"遮羞布"在某些地方成为常态，表面上看风风光光，但当你沿着通村公路到一个领导不常路过或者不容易看到的地方，这条看似风光的马路或许就是一条"断头路"。贫穷，或多或少与偏僻、大山的阻隔有关，人们期盼走出大山，一个与世隔绝的地方，怎么也不会富裕到哪里去。另外，个别地区甚至将"精准扶贫"定位在"抓典型、树形象"上，上面来人就带过去看典型、树品牌。

部分干部受限于认识水平和工作能力，对于贫困地区的分析不透彻、了解不深入。盲目借鉴别的已经脱贫的农村的经验，采取的帮扶措施、制定的脱贫计划、实施的扶贫项目并没有从本村实际状况出发，在扶贫项目选择上，没有坚持市场导向与利用贫困地区丰富自然资源的有机结合。对于不同的贫困户，在帮扶措施上极少做到因户施策、因人施策、因势利导，对贫困户施行"大水漫灌"方式，而不是"精确滴灌"方式。因此，需要改变过去扶贫资金使用过程中对象不精准的各种"跑冒滴漏"现象，结合深度贫困地区的自身特点，采取更加切实有效的办法，下一番"绣花"苦功，精准对接贫困人群的脱贫需求，摸清贫困之根、号准贫困之脉、开好脱贫之方，在产业扶贫、教育扶贫、生态扶贫和移民扶贫上做好精准扶贫、精准脱贫的好文章，扶真贫、真扶贫，确保如期稳定脱贫。

第三节　产业扶贫有待于进一步加强

扶持地方产业是帮助地方扶贫的治本之策，而产业的发展受经济水平、社会生产力、国家政策等的制约。官田村主要有光伏电站、竹业、种植业等过剩产业或传统产业，而为了响应国家的政策要求，在传统产业结构调整的过程中势必会导致裁员降薪的现象发生，尤其在低端行业，低技术含量的就业岗位会大量减少，企业对高素质人才的需求增加，对普通技术工人的需求量减少。但贫困人口绝大部分素质都不高，文化水平偏低，所以他们在传统产业就业上便会受到限制，这样解决贫困人口就业这一条路就行不通了。

官田村产业发展缓慢，缺少能够支撑长效增收、脱贫致富的特色效益产业，即使是已经发展起来的一批产业，也仅处于起步阶段，特色效益尚未凸显，带动长效致富的能力不强，在实施精准扶贫的过程中，由于各户的情况和产业发展需求不同，乡村在一户一策、因户制宜、因地制宜的引导上做得不到位，造成个别农户对扶持项目不感兴趣，参与的积极性不高、产业项目推进落实有困难；同时，大户带散户、公司带农户、合作社带社员涉及贫困户甚少，多数贫困户缺乏技术指导，产业扶贫效果不明显。

第四节　贫困户自身发展能力和动力有待进一步增强

一是多数贫困人口文化素质低、思想观念陈旧落后，依然停留在自给自足的自然经济时期，安于现状，没有发展动力；加之受自然条件限制和农产品、畜产品市场价格波动大等因素的影响，部分贫困户主动发展产业的积极性不高。二是部分贫困户不愿积极就业，不谋求发展，一心想吃低保、享受国家救助，"等、靠、要"依赖思想严重。三是社会参与度不高。部分民营企业、个体工商户的社会责任感不强，没有主动参与社会扶贫的意识，特别是对扶持贫困户发展经济、发展产业的兴趣不浓厚，有的企业虽然热心公益事业，却忽视了支持农户发展、增强其造血功能这一重要内容。

同时，贫困户主观脱贫意识较弱，缺乏危机感。部分贫困人口文化素质低，思想消极保守，还停留在自给自足的自然经济时期，没有发展动力，安于现状。有些贫困户觉得这是扶贫干部的事情，坐等帮扶、不劳而获。党政机关党员干部踊跃为贫困户捐物捐资，却使得部分贫困户因此懒散，产生严重依赖思想，不愿意自力更生，少数人甚至认为，机关干部为贫困户捐物、捐钱是应该的，反正他们吃不完、用不完……贫困并不可怕，可怕的是没有摆脱贫困的信心和决心。

贫困农户应成为精准扶贫中的主力军，但贫困农户由于缺少专门的参与途径，以致参与度严重不够：首先，贫困农户的能力水平无法与扶贫项目的落实相匹配，在落实扶贫资源的投入精确到户的新要求下，一些地方把扶贫项目的投入细化到每个贫困户，例如，把牲畜、树苗等均分到每个农户，但因经验缺失，加上扶贫项目的配套性投入不足，致使贫困农户由于能力匮乏而无法参与，最终导致项目以失败而收尾。

其次，贫困农户的需求表达机制严重缺乏，导致贫困农户无法向扶贫实施者有效传达需求，造成扶贫资源的供应与需求不相匹配的现象。例如，山区贫困农户大多乐于发展养鸡、养猪等养殖业，而地方政府把村生态旅游列为扶贫项目，但是因为缺乏产业发展经验，贫困农户不愿参与其中。

再次，单独贫困农户常会缺乏参与某项目所要求的技能或资金，常会以合作互助等方式完成项目的运作，但扶贫资源的供应过度地注重精准到户，造成单独的贫困户无法顺利实施扶贫项目。

面对广大贫困地区，国家"精准扶贫"的政策和出发点是好的，但是不能因为"精准扶贫"，而养一群"懒汉"，更多的是要支持和鼓励这些地区的群众自力更生、自谋出路，实现产业对接，使他们用勤劳的双手实现"共同富裕"。农民工这个群体不可小视，他们背井离乡，在外见过世面，有的甚至学有专长，吸引这群人返乡创业，将为农村注入生机活力。为了解决启动资金的困难，国家可以选择在银行信贷方面提供一个良好的环境，比如：在

"精准扶贫"中为了杜绝"懒汉",可以考虑让人们到当地银行贷到一定数量的款,以此作为创业(养殖、种植、农家乐、网店、企业运作等)的启动资金,以降低贷款利息,甚至由国家免除利息,或由国家补贴利息这种方式进行扶贫,既保证国家贷款不流失,还能带动一大批人自主创业、摆脱贫困。

第五节 扶贫资金短缺,资金来源渠道单一

首先,就目前来看,扶贫资金主要来源于中央财政扶贫专项资金和地方财政资金。中央财政专项扶贫资金有限,而我国贫困人口众多,由上到下,一级一级分配到贫困户手中后就会变得十分微薄。其次,地方财政收入受到地方经济发展水平制约,贫困人口越多的地方往往经济越落后,财政收入也越低,用于扶贫的资金也就越有限。尤其是官田村贫困落后,交通不便、信息闭塞,对投资商的吸引力较小,而且融资渠道稀少、融资困难,光伏、竹业、鲜菇种植等产业要么是过剩产业,要么是传统产业,产业发展受到很大限制,其结果是扶贫工作严重受阻,没有资金保障,许多扶贫项目也就无法落实,极大地影响了脱贫工作的实效性。

官田村地处山地、四处环山,群众居住分散,交通不

便，水利设施老化失修，抵御自然灾害能力较弱，行路难、饮水难、用电难、上学难、就医难、居住条件差等问题比较突出，信息不畅，生产生活资料相对匮乏，公共服务基础设施严重不足。从调研中了解到，一些贫困村的基础设施建设仍显滞后，村小学教学条件差，道路坡陡弯急、通而不畅，电压不稳、供电质量差，教学设备差、师资力量弱，严重影响了群众的生产生活，导致了贫困农户生活不便、生产难、发展难等瓶颈问题，解决这些问题需要大量的资金。缺资金、缺项目、文化素质低的贫困农户的经济状况一般都处在脱贫的临界线上，对此类贫困户采取帮扶措施容易见成效，针对这类贫困户，应从提供增收项目、提供资金信息等方面给予帮助，使其尽快摆脱贫困。

第六节　扶贫资金使用监管有待进一步完善

在扶贫资金的使用中要认真思考是否做到专款专用、是否存在贪污腐败的现象，要通过严管理、严考核，严追责，保证扶贫资金安全运行，提高扶贫资金的使用效益。坚持开发式扶贫方针不动摇，以扶贫规划编制为引领，发挥广大干群的积极性，创新扶贫工作机制，不断丰富工作内容，注重整体推进与精准发力，逐步形成多方合力、互为支撑的"大扶贫"工作格局。

贯彻落实中央和省、市脱贫攻坚决策部署要坚决到位。重点检查县、乡两级党委、政府对落实扶贫政策是否坚决，是否存在执行搞变通、兑现打折扣等问题；乡村干部落实扶贫政策时是否存在优亲厚友、弄虚作假、暗箱操作、未落实公开制度等问题。检查各地是否存在以形式主义、官僚主义对待扶贫工作，做表面文章的问题。要了解县市区党政主要领导贯彻落实"三走访三签字"工作情况，各级驻村工作队员、帮扶干部工作情况等。

各地财政专项扶贫资金管理使用要规范。重点检查在财政专项扶贫资金以及危房改造、易地搬迁等各项资金管理使用中是否存在贪污挪用、截留私分、虚报冒领等贪污侵占问题，是否存在私存私放、挥霍浪费、长期滞留等违规违纪问题，是否存在吃拿卡要，索要"好处费"、"雁过拔毛"、"小官大贪"等问题。要了解各项扶贫项目实施管理是否规范。扶贫项目立项审批、招标投标、物资采购、结算报账等环节是否存在贪污贿赂、弄虚作假、虚报冒领、克扣群众钱物、拖欠群众钱款等问题。

扶贫项目和资金使用存在着挪用转用的现象，这是由于一些县市、乡镇领导及扶贫工作人员，未能及时转变思想观念，仍存在一定的惯性思维，打"擦边球"，将扶贫资金投向城镇基础设施建设及招商引资之中，并没有把资金用在改善贫困人口的生活上。

同时，一些部门单位重视扶贫项目争取，忽视扶贫项目实施。相关部门争取到扶贫资金以后，并没有发挥扶资金的扶贫作用，没有采取具体的措施将扶贫资金发放到贫困户手中，导致贫困资金结余数额较大，资金未能发挥应有的作用。在走访中我们发现，一些项目立项已很久，但是经费已经挪作他用，项目开展实施还只停留在纸上方案中。

各部门对整合财政资金用于扶贫态度不统一，统筹财政资金用于扶贫工作进展较慢。一是主管部门之间协调不力，出台的政策文件之间存在矛盾。二是个别主管部门出台的整合资金实施精准扶贫的文件负面清单规定失当。三是一些主管部门从本部门的利益出发，以未收到上级主管部门关于本系统可用于整合的资金类别，及担忧整合后上级部门扣减以后年度资金计划额度为由，对整合本部门本单位的财政资金用于精准扶贫缺乏积极性和主动性，对精准扶贫的资金需求配合不力。

第七节　科学的考核体系有待进一步完善

一是上级对地方对扶贫工作监督力度不够，在精准扶贫工作中存在违反程序、玩忽职守、不作为的人员。

二是对扶贫成效的考察缺乏全面性和科学性，没有引入第三方评估机构进行测评，没有群众满意度调查数据，也没有引入科研机构和社会组织的调查数据，仅仅依靠国务院扶贫开发系统中的数据和全国农村贫困监测的数据进行评估。

三是扶贫成果的考核与官员升迁的考核挂钩不大，导致各级地方官员对扶贫工作没有高度重视。尚未进一步完善脱贫攻坚工作目标考核机制，应该加强督查问责，提高精准扶贫工作考核权重，对表现突出、完成减贫任务成绩好的干部优先提拔使用，对作风不实、工作不力、违反纪律、弄虚作假的干部坚决进行组织调整、行政问责、严肃处理。

四是缺乏纪检监察部门，疏忽了对脱贫攻坚工作的督查和扶贫项目、扶贫资金的监管。驻村结对帮扶需加大力度。

五是驻村帮扶水平参差不齐，帮扶效果不理想，帮扶措施单一，对帮扶工作仅停留在对贫困户的物质帮扶上，有的把帮扶按照民政救济来做，搞搞看望慰问、发发油米红包就算帮扶，流于形式，在立足村情和贫困户实际，有针对性地开展项目扶持、技术援助、人员培训等方面缺乏有效支持，没有起到开发式扶贫帮扶应有的作用；有的驻村干部虽然知识面广，但由于不熟悉基层工作，在协助村"两委"班子理清发展思路、制定村级扶贫规划等方面没有发挥出其应有的作用。

第八节　扶贫工作长效机制有待进一步健全

精准扶贫中，开发工作与农村其他建设项目之间缺乏有效衔接，工作联系、项目对接、资金整合相互之间协调不够，社会帮扶体系还未完全形成。部门之间合力不够，不少是各自为政，统筹协调能力较弱。不同行业、部门和单位对扶贫开发的思想认识、重视程度和工作力度不同，实际效果差异性也较大，存在不平衡状况。因病因教致贫返贫现象较为突出，贫困人口脱贫与返贫相互交织，"因教返贫"的现象仍是常态，中高等教育费用在农村家庭经济支出中仍占相当大的比例，贫困人口脱贫抗风险能力弱。

同时，自然灾害致贫也占很大比例。但是，在农村有些村干部胆小怕事或者为了便于今后开展工作，对已经脱贫的农户，不敢将其列入已脱贫对象进行讨论公示，致使这类贫困户成为"年年扶贫年年贫"。还有其他原因导致没能全面准确掌握贫困户情况，对本已脱贫的贫困户没有及时提出讨论、公示并及时调整出册。

第八章

官田村进一步精准扶贫精准脱贫的
对策建议

党的十九大对精准扶贫精准脱贫作出了总体要求，指出要"坚决打赢脱贫攻坚战。让贫困人口和贫困地区同全国一道进入全面小康社会是我们党的庄严承诺。要动员全党全国全社会力量，坚持精准扶贫、精准脱贫，坚持中央统筹省负总责市县抓落实的工作机制，强化党政一把手负总责的责任制，坚持大扶贫格局，注重扶贫同扶志、扶智相结合，深入实施东西部扶贫协作，重点攻克深度贫困地区脱贫任务，确保到二〇二〇年我国现行标准下农村贫困人口实现脱贫，贫困县全部摘帽，解决区域性整体贫困，做到脱真贫、真脱贫"。①官田村当前的扶贫脱贫工作还

① 习近平:《决胜全面建成小康社会 夺取新时代中国特色社会主义伟大胜利——在中国共产党第十九次全国代表大会上的报告》，人民出版社，2017，第47~48页。

存在一些问题，面临不少困难，课题组认为可以通过以下几条建议进一步加强官田村精准扶贫：一是规范贫困人口精准识别过程；二是建立科学的扶贫脱贫工作监督考核体系，建设贫困人口数据库；三是充分利用供给侧改革红利，加大扶贫资金投入；四是健全扶贫工作长效机制，巩固扶贫成效，着力预防返贫；五是加大教育培训力度，落实扶贫同扶志、扶智相结合。

第一节　进一步精准识别贫困人口和贫困原因

精准扶贫工作的首要任务是对贫困人口进行精准识别，明确帮扶对象，才能做好扶贫工作。要对贫困人口进行精准识别，就要建立完善的贫困人口识别体系、拓宽贫困信息获取途径。

一　建立完善的贫困人口识别体系

要实现精准扶贫，首先要号准病脉，根据官田村的实际情况，对贫困人口进行精准识别。建立完善的贫困人口识别体系，精确识别贫困户，对每户贫困户的致贫原因进行精准界定。深入村民家中，对各家各户逐一识别，对每户贫困户致贫的主要原因，如因灾、因病、因学、缺技术、缺劳力、缺发展资金等进行精准界定，确保每一个建档立卡的贫困户的信息都真实有效，对贫困户实行动态管理，不录入非贫困人口，也不遗漏真正的贫困户。对于已经脱贫，但又因特殊原因返贫的贫困户也要根据实际情况重新建档立卡，及时反馈。

二 拓宽贫困信息获取途径

针对官田村山多田少，人口居住分散，贫困人口普遍受教育程度低，造成精准扶贫信息上下传达不畅的现实，拓宽贫困信息获取渠道可采取新老办法结合的方式：一是村干部上门宣传，这是目前官田村村民获取扶贫信息和村干部获取贫困户信息的主要渠道；二是将原有的村内喇叭重新利用上，老办法切实有效，仍然不过时；三是和移动运营商合作，推送免费手机报，村内手机普及率高，但智能手机普及率不高，缺少 QQ、微信和微博等获取信息的便利途径，但通过传统短信阅读手机报以获取信息是可以的；四是除在村委公告栏张贴海报外，还可以在村内电线杆、路灯甚至是路边位置较为明显的树上张贴公告信息；五是针对在外务工的村民，获取联系方式后，也可通过免费手机报的方式推送信息，也可对部分拥有智能手机的人通过 QQ、微信和微博等方式进行信息推送。这样既可保证每户村民及时获得扶贫政策等信息，也便于村干部统计贫困户信息。

第二节　建立科学的扶贫工作监督考核体系，完善贫困人口数据库

落实精准扶贫精准脱贫工作，只靠干部自觉是不够的，还需建立扶贫工作监管体系。在信息化时代，对贫困人口的动态管理，离不开信息化建设，特别是贫困人口大数据建设。

一　加强扶贫工作监管，建立科学的监督考核体系

扶贫工作作为当前的重点工作之一，仅靠干部自觉自愿，没有科学的监督考核体系是不行的。

加强扶贫工作监管，建立科学的扶贫工作监督考核体系，一是要引入监察机制，规范扶贫工作程序，有效杜绝玩忽职守和不作为现象。党的十九大报告对建立监察机制有专门要求，指出要"深化国家监察体制改革，将试点工作在全国推开，组建国家、省、市、县监察委员会，同党的纪律检查机关合署办公，实现对所有行使公权力的公职人员监察全覆盖"。[1] 二是引入第三方评估机构进行测评，获取群众满意度调查数据、科研机构和社会组织的调查数据，结合国务院扶贫开发系统中的数据和全国农村贫困

---

[1] 习近平：《决胜全面建成小康社会　夺取新时代中国特色社会主义伟大胜利——在中国共产党第十九次全国代表大会上的报告》，人民出版社，2017，第67~68页。

监测的数据，对扶贫成效进行全面、科学考察。三是将扶贫成果的考核与官员升迁的考核挂钩，引起各级地方官员对扶贫工作的重视。进一步完善脱贫攻坚工作目标考核机制，提高精准扶贫工作考核权重，对表现突出、完成减贫任务好的干部优先提拔使用，对作风不实、工作不力、违反纪律的干部坚决进行组织调整、行政问责、严肃处理。四是与其他职能部门沟通协作，联通上下游，加强对脱贫攻坚工作督查和扶贫项目、扶贫资金的监管。五是加大驻村结对帮扶力度，改善帮扶办法。党的十九大报告中明确指出要"注重扶贫同扶志、扶智相结合"，[①] 驻村帮扶除了对贫困户的物质帮扶外，还要立足村情和贫困户实际有针对性地开展项目扶持、技术援助、人员培训等，推进开发式扶贫帮扶的实效，同时加强驻村帮扶干部的培训，让他们能够将理论与帮扶对象的实际情况相结合，切实发挥自身知识面广的优势，帮助村"两委"班子理清发展思路、制定村级扶贫规划，发挥应有的作用。

二 整合各部门数据资源，建设贫困人口数据库

当前各部门都建有自己的数据库资源，但并没有整合，也不方便操作，无助于打通行政工作"最后一公里"，对扶贫工作帮助有限，有时甚至起到反效果。各地贫困人

---

① 习近平:《决胜全面建成小康社会　夺取新时代中国特色社会主义伟大胜利——在中国共产党第十九次全国代表大会上的报告》，人民出版社，2017，第48页。

口的录入工作主要是手工录入，不但耗时费力，而且难以保证贫困数据库的数据精准，也难以实现数据的及时更新。村级行政单位不具备整合数据资源的条件，需要县市一级甚至更高行政部门通力合作。

通过整合各部门数据资源，建设贫困人口数据库：一是以农村户籍数据、医保数据、居民收入等数据为基础，进一步完善建档立卡贫困户数据库。二是设立扶贫项目子库，对扶贫项目工程进度、实施效果情况及时更新，对项目实施效果实时监测。三是实施对建档立卡数据库的贫困人口的关联动态监测，标识已脱贫人口存在延时性，定期剔除不符合贫困条件人口以及更新新增及返贫的贫困人口数据。

第三节 充分利用供给侧改革红利，加大扶贫资金投入

当前已到精准扶贫、精准脱贫工作的攻坚阶段，各地对扶贫工作都十分重视，但时间紧、任务重、压力大也是现实问题。因此，除用好中央财政扶贫专项资金和地方财政资金外，还要充分利用供给侧改革的红利和做大长效增收的特色效益产业，开源节流，加大扶贫资金的投入。

一 充分利用供给侧改革红利，实现扶贫资金来源多元化

党的十九大明确指出，当前"我国经济已由高速增长阶段转向高质量发展阶段，正处在转变发展方式、优化经济结构、转换增长动力的攻关期，建设现代化经济体系是跨越关口的迫切要求和我国发展的战略目标。必须坚持质量第一、效益优先，以供给侧结构性改革为主线，推动经济发展质量变革、效率变革、动力变革，提高全要素生产率，着力加快建设实体经济、科技创新、现代金融、人力资源协同发展的产业体系，着力构建市场机制有效、微观主体有活力、宏观调控有度的经济体制，不断增强我国经济创新力和竞争力"。[①]

落后地区特别是贫困地区需要抓住这一历史机遇，充分利用供给侧改革的红利，实现扶贫资金来源的多元化。不少沿海省份产业结构调整、产业升级，完全可以将他们眼中的"落后产能"向内地迁移，贫困地区多为落后地区，经济不发达但劳动力相对充足，完全可以通过招商引资吸引沿海企业落地生根，在降低企业成本的同时为地方经济发展和贫困地区脱贫做贡献。

二 强化产业扶贫效果，推动村级集体经济发展

毛泽东指出，"全国大多数农民，为了摆脱贫困，改

---

① 习近平：《决胜全面建成小康社会 夺取新时代中国特色社会主义伟大胜利——在中国共产党第十九次全国代表大会上的报告》，人民出版社，2017，第30页。

善生活，为了抵御灾荒，只有联合起来，向社会主义大道前进，才能达到目的"。①官田村虽然在吸引投资和发展产业方面取得了一定成效，但是并没有建立长效增收、脱贫致富的特色效益产业，在村内落地的企业除太阳能光伏企业外，竹制品生产企业和其他一些制造业并不是村集体所有，给精准扶贫工作带来的助力有限。

官田村地处山区，林木资源丰富，但没有得到有效利用。要强化产业扶贫效果，推动村级集体经济发展，让精准扶贫出实效，可依托财政部门和驻村单位的帮扶资金，争取部分银行贷款资金，建立村级集体企业，有效利用自然资源，建立长效增收的特色效益产业。

三 开源节流，加大扶贫资金投入

在充分利用供给侧改革的红利和强化产业扶贫效果的基础上，结合中央财政扶贫专项资金和地方财政资金，开源节流，加大扶贫资金投入。一是对中央财政专项扶贫资金和地方财政资金实行专款专用，保障基础性投入，收紧资金出口，实现有效利用；二是除出台优惠政策外，还要加大基础设施建设投入，使交通便利、信息化普及，改善招商引资环境，吸引投资；三是落实扶贫项目，升级传统产业，拓宽产品销路，促进增收。

① 《毛泽东文集》第六卷，人民出版社，1999，第429页。

第四节 健全长效机制，巩固扶贫成效，预防返贫

国家对扶贫工作做出了总体规划，党的十九大报告中要求"确保到 2020 年我国现行标准下农村贫困人口实现脱贫，贫困县全部摘帽，解决区域性整体贫困，做到脱真贫、真脱贫"。[①] 这需要加强地区间的横向联系，统筹协调政府各职能部门和健全扶贫脱贫工作长效机制，巩固扶贫脱贫工作成效，着力预防返贫问题。

一 加强地区间横向联系，树立共同富裕目标

扶贫工作不能一蹴而就，除了政府加大资金投入和加强政策扶持外，各级政府间要加强沟通协调，特别是加强贫困地区和富裕地区的横向联系，完善社会帮扶体系也很重要。改革开放之初，党中央就"提倡一部分地区先富裕起来，是为了激励和带动其他地区也富裕起来，并且使先富裕起来的地区帮助落后的地区更好地发展"。[②] 党的十九大也明确指出"深入开展脱贫攻坚，保证全体人民在共建共享发展中有更多获得感，不断促进人的全面发展、全体人民共同富裕"。[③]

[①] 习近平：《决胜全面建成小康社会 夺取新时代中国特色社会主义伟大胜利——在中国共产党第十九次全国代表大会上的报告》，人民出版社，2017，第 48 页。

[②] 《邓小平文选》第三卷，人民出版社，1993，第 111 页。

[③] 习近平：《决胜全面建成小康社会 夺取新时代中国特色社会主义伟大胜利——在中国共产党第十九次全国代表大会上的报告》，人民出版社，2017，第 23 页。

二　统筹协调政府各职能部门，形成合力

胡锦涛指出，"坚持政府主导、分级负责。这是我国扶贫开发的一条宝贵经验，必须长期坚持"。[①] 精准扶贫、精准脱贫仅靠扶贫办一个职能部门是无法实现的，更不是村级行政单位能独立完成的。一是由各级政府主管领导统筹协调下辖各部门，对扶贫工作进行统筹，使各个职能部门的思想认识、重视程度和工作力度能够达到一致；二是建立健全长效协调机制，使得各智能部门在工作联系、项目对接和资金整合上能够协调合作，打通各个环节，形成合力，最大化扶贫效果。

三　健全扶贫工作长效机制，预防返贫

党的十九大要求在 2020 年实现"脱真贫、真脱贫"，对各级政府的扶贫工作提出了更高的要求。想要实现"脱真贫、真脱贫"，就必须健全扶贫工作长效机制，一是继续推动落实精准脱贫工作，将已经脱贫的农户列入已脱贫对象进行讨论公示，杜绝"年年扶贫年年贫"的现象；二是健全保障机制，巩固扶贫工作成效，增加对中高等教育和新型农村合作医疗的补贴，增强贫困人口脱贫抗风险能力，减少返贫现象；三是建立自然灾害应对机制，普及应对自然灾害的知识，在积极预防自然灾害的前提下，加大

① 《胡锦涛文选》第三卷，人民出版社，2016，第 569 页。

对受灾群众的赈济补贴，采取各种措施预防返贫、解决返贫问题。

第五节　强化教育培训，落实扶贫与扶志（智）相结合

江泽民指出，"最重要的就是要不断增强贫困地区自我发展的能力。这是开发式扶贫的真谛所在"。[①] 当前精准扶贫政策优厚、贫困户享受的待遇较高，导致一些贫困户为享受国家扶贫政策而不愿脱贫，甚至脱贫后主动要求重新被纳入贫困户建档立卡档案。还有一些贫困户虽然脱贫意愿很强，但是受教育程度低，出现"勤劳无法致富"的现象。因此，必须要落实扶贫同扶志、扶智相结合，加大教育培训力度，从思想上和智力上帮扶，实现"授人以渔"的效果。

一　加大教育培训力度，强化贫困户脱贫意愿

扶贫不是扶懒，必须要加强对贫困户的思想教育工作，强化贫困户的脱贫意愿，实现"授人以渔，则终生受益无穷"的效果。孟子有言："故天将降大任于斯人也，必

[①] 《江泽民文选》第三卷，人民出版社，2006，第252页。

先苦其心志，劳其筋骨，饿其体肤，空乏其身，行拂乱其所为，所以动心忍性，曾益其所不能。"要采取多种方式加大对贫困户的教育培训力度，让脱贫致富的理念深入人心，提高他们的主观能动性，切实提高脱贫意愿。

二　强化技能培训，加强智力支持

集中组织贫困户接受专门的技能培训，提高培训的参与度，提升他们的劳动效率，落实扶贫、脱贫项目。由村集体组织的技能培训活动，结合官田村当地的实际情况，一是将家禽、家畜等专业养殖技能培训，结合扶贫项目落实到户，提供禽畜幼崽供贫困户自行养成繁育；二是林木、竹子等深加工技能培训，官田的林木和竹子资源丰富，但地方农户多选择砍伐、卖原料，其收入与深加工木制、竹制产品带来的收入相去甚远；三是生态旅游产品开发培训，官田村地处山区，自然风光秀美，不少地方适合进行生态旅游产品开发，如聂市镇的茶马古道文化建设，就是很好的脱贫致富机遇。

参考文献

1.《马克思恩格斯文集》（第1~10卷），人民出版社，2009。

2.《列宁专题文集》（第1~5卷），人民出版社，2009。

3.《毛泽东文集》（第1~8卷），人民出版社，1993、1996、1999。

4.《邓小平文选》（第1~3卷），人民出版社，1993、1994。

5.《江泽民文选》（第1~3卷），人民出版社，2006。

6.《胡锦涛文选》（第1~3卷），人民出版社，2016。

7.《习近平谈治国理政》（第1~2卷），外文出版社，2014、2017。

8.《习近平新时代中国特色社会主义思想三十讲》，学习出版社，2018。

9.《习近平新时代中国特色社会主义思想学习纲要》，学习出版社、人民出版社，2019。

10.《十八大以来重要文献选编》（上中下），中央文献出版社，2014、2016、2018。

11.《习近平扶贫论述摘编》，中央文献出版社，2018。

12.《习近平关于协调推进"四个全面"战略布局论述摘编》，

中央文献出版社，2015。

13. 习近平：《做焦裕禄式的县委书记》，中央文献出版社，2015。

14. 习近平：《决胜全面建成小康社会 夺取新时代中国特色社会主义伟大胜利——在中国共产党第十九次全国代表大会上的报告》，人民出版社，2017。

15. 习近平：《在深度贫困地区脱贫攻坚座谈会上的讲话》，人民出版社，2017。

16. 习近平：《摆脱贫困》，福建人民出版社，2014。

17. 洪名勇：《扶贫开发战略、政策演变及实施研究》，中国社会科学出版社，2019。

18. 刘璐琳、彭芬等：《中国精准扶贫与案例研究》，中国人民大学出版社，2019。

19. 汪三贵、杨龙、张伟宾、王瑜等：《扶贫开发与区域发展——我国特困地区的贫困与扶贫策略研究》，经济科学出版社，2018。

20. 胡兴东、杨林：《中国扶贫模式研究》，人民出版社，2018。

21. 姚庆荣：《电商扶贫：理论与实践》，中国经济出版社，2019。

22. 郭利华：《金融扶贫：理论、政策与实践》，知识产权出版社，2018。

23. 周宗敏：《中国扶贫故事》，新华出版社，2019。

24. 施红：《精准扶贫与中国特色发展经济学研究》，经济日报出版社，2019。

25. 王灵桂、侯波:《精准扶贫:理论、路径与和田思考》,中国社会科学出版社,2018。

26. 苏昌强:《精准扶贫的辩证法》,厦门大学出版社,2018。

27. 王三秀:《中国扶贫精细化:理念、策略、保障》,社会科学文献出版社,2017。

28. 叶兴建:《精准扶贫的"宁德模式"》,厦门大学出版社,2019。

29. 范东君:《精准扶贫:成就、问题与新思路》,社会科学文献出版社,2019。

30. 王海霞、王国斌:《中国特色扶贫战略研究:以甘肃省东乡县为例》,人民日报出版社,2019。

参考文献

后　记

从 2016 年 12 月 9 日第一次赴官田村调研，到报告最终完成，历时近三年之久。在这期间，课题组主要成员冯颜利、唐庆、甘冲、刘庆芳、刘菁等，先后 7 次来到官田村，完成了收集和整理村问卷和入户调研问卷、走访贫困户、与驻村干部座谈、与村两委干部座谈、回访等工作，得到了湖南省社会科学院及岳阳市、临湘市、聂市镇、官田村各级政府的大力支持。

在调研过程中，课题组深刻体会到了精准扶贫、精准脱贫工作的艰巨性，也感受到了基层干部工作的辛苦，但让课题组触动最大的，还是基层干部扶贫的决心与干劲以及贫困户脱贫的渴望与努力。在两者的相互配合与齐心协力之下，官田村的精准扶贫、精准脱贫工作取得显著成效。2019 年 6 月，课题组对官田村的回访显示，绝大部分贫苦户已经甩掉了贫困的帽子，正在卯足干劲发家致富。通过这次调研，课题组也深刻意识到，精准扶贫、精准脱贫离不开党的领导。脱贫攻坚战是一场苦仗、硬仗、大仗，是一块难啃的硬骨头，没有中国共产党的领导与统筹谋划，要想取得胜利是决不可能的。也正是因为有了中国共产党的领导，我们才有了坚强的领导核心，才有了主心骨、当家人、擘画者，才能在脱贫攻坚战中勠力同心、鼓足干劲，进而取得精准扶贫、精准脱贫工作的胜利。

精准扶贫、精准脱贫是一项系统工程，不是一场孤立的战役，不仅需要"头痛医头、脚痛医脚"的西医治法，更需要"整体着手、辨证施治"的中医疗法，即不仅需要针对扶贫工作的具体的"上下联动、多管齐下"措施，还应该把扶贫工作与经济的良性发展、改革的深化、公共治理水平的提高等联系起来，协同发展，以求长效。虽然我们有2020年全体脱贫的时限要求，但是防止"返贫"工作，任重而道远。这是精准扶贫、精准脱贫工作的必然要求，也将是整体脱贫工作完成以后的重点任务。我们应该动员更多的社会力量参与到扶贫工作之中去，创新扶贫方式，增强扶贫效果；应该想方设法促进城乡联动，实现城乡一体化，把城里富余的劳动力组织起来，通过知识、资金、技术等的分享，带动农民致富。

依然记得课题组在入户调研时，贫苦户对党中央的感激，对我们的感谢；也依然记得课题组在完成调研工作即将离开之际，贫苦户眼里的留恋与不舍。类似的情景发生过多次，每次都让我们感受到作为社会科学工作者肩上的责任与压力。期待本报告能够为精准扶贫、精准脱贫工作贡献一份绵薄之力。

最后，对为本次调研工作与调研报告的顺利完成提供帮助的所有单位和同志表示诚挚感谢！

著者

2019 年 12 月

图书在版编目（CIP）数据

精准扶贫精准脱贫百村调研. 官田村卷："五位一体"的贫困治理模式 / 冯颜利, 甘冲, 唐庆著. -- 北京：社会科学文献出版社, 2020.6

ISBN 978-7-5201-5858-9

Ⅰ.①精⋯　Ⅱ.①冯⋯ ②甘⋯ ③唐⋯　Ⅲ.①农村-扶贫-调查报告-临湘　Ⅳ.①F323.8

中国版本图书馆CIP数据核字（2019）第280807号

·精准扶贫精准脱贫百村调研丛书·

精准扶贫精准脱贫百村调研·官田村卷
——"五位一体"的贫困治理模式

著　　者 / 冯颜利　甘　冲　唐　庆

出 版 人 / 谢寿光

组稿编辑 / 邓泳红　陈　颖

责任编辑 / 桂　芳

文稿编辑 / 贺拥军

出　　版 / 社会科学文献出版社·皮书出版分社（010）59367127
　　　　　　地址：北京市北三环中路甲29号院华龙大厦　邮编：100029
　　　　　　网址：www.ssap.com.cn

发　　行 / 市场营销中心（010）59367081　59367083

印　　装 / 三河市尚艺印装有限公司

规　　格 / 开　本：787mm×1092mm　1/16
　　　　　　印　张：9.5　字　数：89千字

版　　次 / 2020年6月第1版　2020年6月第1次印刷

书　　号 / ISBN 978-7-5201-5858-9

定　　价 / 59.00元